著。平成二十四年八月二十一日

近藤宣之

THE 40 MESSAGES FOR YOU AS THE BUSINESSMAN

ビジネスマンの君に伝えたい40のこと

株式会社日本レーザー 代表取締役
近藤宣之
NOBUYUKI KONDO

あさ出版

はじめに　仕事は自分を成長させる最高の舞台

私はこれまでに三度、窮地に陥った会社の建て直しに取り組んできました。
最初は二八歳のときです。日本レーザーの親会社だった日本電子に勤めていた私は、労働組合委員長として複数の労組が対立する職場を安定化し、破綻寸前まで悪化した経営状態を、希望退職の受け入れと「自主再建」をスローガンにした取り組みによって再建しました。二度めは、アメリカ法人のリストラです。そして三度めは、これからお話しする日本レーザーの再建です。

これらのハードな経験のおかげで私は仕事人として、一人の人間として、練り鍛えられ成長することができました。

とくに、日本レーザーでの経験は、私に「仕事においていちばん大切なことは何か」を教えてくれました。

日本レーザーは、レーザー機器を取り扱う専門商社です。歴史ある会社ですが、バブル崩壊という経営環境の変化に対応できず、一九九三年に債務超過に陥り、銀行から融資を断られて倒産寸前の状態でした。その会社の再建を命じられたのが、親会社である日本電子で新米役員をしていた私でした。

再建の道のりは非常に険しいものでした。

子会社である日本レーザーの社員から見れば、私は親会社からの落下傘社長です。面白いわけがありません。反発した数名の役員や幹部社員が、海外の重要な商権を持ち出し、社員を引き連れて独立するという痛い目にもあいました。

私は、失った商権に変わる新しい取引先を開拓し、経営のしくみを変えて、できうる限りのコストカットを実施し、一年でなんとか黒字化に成功しました。しかし、累積赤字はまだまだたくさん抱えたままです。

そんな状況で迎えた二年めの春、大きな決断を迫られます。

ある日、社内の雰囲気が微妙に変化しているのを感じました。

「近藤さんは二〇代で労働組合の委員長を務め、親会社の再建にも貢献した。海外現地法人経営の経験もある。うちの会社もたったの一年で黒字にした。きっとあと数年やって黒字化を安定させたら本社に戻るだろう。いずれ近藤さんは本社の社長……？　そう考えると、この会社の再建は、近藤さんにとって本社の社長になるための踏み台みたいなもの。近藤さんのステップアップに利用されただけなんて、真面目に仕事をするのがばかばかしいね」

社員たちがこんなふうに感じている雰囲気が伝わってきたのです。

明らかに、私に対する不信感です。

このままでは根本的にこの会社を建て直すことはできない。私は強い危機を感じました。

この状況を打破するには、自ら背水の陣を敷くしかない。

そう考えた私は、全社員を集め、こう宣言しました。

「私は本社から送り込まれた人間だったが、三期六年務めた親会社の取締役を今度の総会で退任することに決めた。これからは、日本レーザーの社長に専念し、会社のために全力を尽くすつもりだから、みんなもいっしょにがんばってほしい」

さらに、こう伝えました。

「みんなの雇用は絶対に守る。だから、会社を建て直すための新方針に協力してほしい。もし方針に納得できない人は辞めてもらってもかまわない」

これが再建にあたっての所信表明でした。

同時に、人材の採用と育成方法にも工夫をしました。

国籍、年齢、性別、学歴に関係なく、志と熱意にあふれ、この会社で挑戦したいという人材を採用し、能力と努力と、成果に応じた処遇体系を確立させました。

社長である私の覚悟と、こうした人事制度により、それまでくすぶっていた社内が一変しました。社員のやる気に火がついたのです。

全員が一丸となって、同じ目標に向かうようになると、加速度的に再建が進みはじめました。そして、社長就任から二年のうちに累積赤字を一掃、配当を復活するところまでこぎ着けました。

さらに二年後の九七年には、不良債権や不良在庫を整理して、バランスシートも改善、名実ともに再建を完了したのです。社長就任から現在までの一九年間、毎年、黒字経営を続けています。

それでも私は、経営改革はまだ足りないと感じていました。子会社のままでは、運転資金の確保という点では安心ですが、人事や事業展開上、どうしても制約があります。

私は、社員のモチベーションをさらに高め、より機動的に経営を推進していくために子会社を脱することが重要だと考えるようになりました。

そこでMEBO（Management and Employee Buyout）という手法で、親会社からの独立をはかりました。

MEBOはM&A（合併・買収）の手法のひとつで、経営陣だけでなく、従業員もいっしょに親会社から株式を買い取って独立をはたすというものです。

あらかじめ、役員と社員に出資を求めたところ、全員が手を挙げてくれました。しかも社員の出資枠を大きく超える金額が集まるという嬉しい誤算つきです。

そして二〇〇七年七月、晴れて日本レーザーは独立をはたすことができたのです。

その後の新入社員もみな株主となり、パートさんと派遣社員を除く全員が株主という日本でも例のない会社となりました。

こうした経験から、私は「自分が社長である限り、絶対に雇用を犠牲にしない」と社員に誓ってきました。実際、これまで会社から肩をたたかれた従業員はいません。離職率もこの一〇年間、実質ゼロです。継続した黒字が雇用不安を解消し、社員のモチベーション維持につながっているのでしょう。

現在、社員たちはじつにイキイキと働いています。

私がこの会社に来たばかりの頃の、自信もやる気もなさそうな社内の雰囲気はもうどこにもありません。

パート社員や契約社員も含め、一人ひとりが自分の仕事に誇りをもち、熱意をもって仕事に取り組んでいます。その姿を見ていると、企業にとって最も大事な資源は、「人」であるとつくづく実感します。

会社が不況になると、安易にリストラに走る企業もあります。しかし、リストラでは余計に不況になると私は考えています。

なぜなら、会社が不況になる原因は、優秀な人材がいないからです。優秀な人材がいれば、会社は好況になるはずです。

優秀な人材といっても、何も東大など一流大学の出身者という意味ではありません。私は、東大出身だろうが高卒だろうが、人間のポテンシャルはそれほど変わらないと思っています。

学歴も、年齢も、性別も、国籍も関係ありません。仕事をするうえでいちばん大切なことは「高い志」と「熱意」です。

志と熱意は、自分を動かす原動力です。この二つがあれば、どんな困難も自分を磨きあげるための砥石だととらえ、果敢に挑戦できます。そして、強い意志をもって、決めたことをやり抜こうと努力するでしょう。

私自身、会社の経営を建て直し、「社員が働くことを通して幸せになる」を目標に経営してきました。雇用を守り、働く喜びを提供することが経営者である私の志であり、熱意の源なのです。

この強い「芯」があったから、むずかしい企業再建に立ち向かうことができましたし、親会社の役員へのコースを振り切ってでも、日本レーザーに身を捧げる覚悟ができました。

人が生まれてきたのには、必ず何らかの意味があります。

それは「この世に生まれて、成長するため」です。誰しも、「生まれたときよりも死ぬときのほうが成長していたい」と願うのではないでしょうか。


学校を卒業し、就職難のなか、ようやく就職できても、三年ほどで辞めてしまう若い人が三分の一もいる時代です。成長したいという自分の希望と、就職した会社の現実とのギャップに悩み、理想の会社を求めて転職を繰り返す人も多いですね。

それを私は、最近の若者はダメだとか、我慢ができない世代だ、などとは思いません。

人は成長するために生まれるのですから、誰だって仕事を通じて成長したいと願うのです。就職した会社が、自分の成長の舞台になってほしいと望むのです。

若い人たちがイキイキと働けないのは、彼らの成長欲求に企業が応えられていないからではないでしょうか。

「社員の成長が、企業の成長」

これは私の経営理念です。本来、会社とは、社員にとって成長のステージであるべきなのです。

そして、社員が成長することによって、会社も成長する。それが人も企業も、成長発展し、幸せになる唯一の道だと信じています。

働く若い人たちに伝えたいことがあります。

たとえいまの環境が、自分の望んだ会社や仕事でなかったとしても、働く意義が見出せていなかったとしても、職場の人間関係がうまくいかずにやる気を失っているとしても、自分のなかにある成長欲求を信じてください。

どんな環境でも「成長したい」という意欲があれば、すべてが学びになるはずです。成長欲求をもっている人は現状に満足せず、自分に何が足りないか、何を努力すべきかを自ら模索し、どんなことでも挑戦しようとするでしょう。

成長欲求は、人間がもつ根源的かつ普遍的な欲求です。どこにいようが、何の仕事をしていようが、人は自分を磨き鍛え、伸ばすことができるのです。

もし「自分の置かれた環境が悪い」と思うのであれば、その環境を利用して自分を磨くぐらいの気概をもってほしいと思います。

若い人には、仕事を通じて成長をとげてほしい。仕事ほど、自分を成長させ、人格を築き上げるのに最高の材料はありません。


この本は、私が人生のなかでつかみとってきた、自分を活かしながら仕事で自己成長するための指針をまとめたものです。

振り返ると、二〇代、三〇代の頃の経験がいまの自分をつくっているのだとつくづく感じます。

たくさんの困難を経験し、悩み苦しみ、ときに涙したこともあります。反対に、素晴らしい出会いに恵まれ、胸がふるえるほどの歓喜、感動を味わったのもこの時期でした。

気力も体力も十分にある二〇代、三〇代をどう過ごすかによって、その後の人生は大きく変わってくるのです。

みなさんが生きている「いま」という時間は、人生のなかでいちばん吸収力が高く、大きく成長できるチャンスのときです。

どうかそのチャンスを逃さず、自分の成長欲求を大切にして、自己実現につなげていってほしいと思います。

本書が、志と熱意ある若い人たちの成長の翼となることを願っています。

近藤宣之

第1章　仕事とは自分を磨くもの

第2章 ビジネスの基礎体力をつけよ

第6章　仕事と人生でいちばん大切なこと

第1章

仕事とは自分を磨くもの

1

まず三年。目の前の仕事に真剣になれ

会社は何のためにあるのか。

私は、人を雇用し、働くことを通して得られる喜びを提供することが究極の存在理由ではないかと思っています。

働く喜びがあれば、人は黙っていても真剣に仕事に打ち込み、もっとよくなる方法はないかと知恵を絞り、工夫を重ねます。その結果、新しい価値を生み出し、成果を上げられたときの喜びは何にも代えがたい充実感を私たちにもたらしてくれます。

そんな「働く喜び」を知る社員を一人でも多く増やすこと。それが経営者である私の役目です。目の前の仕事に真剣に取り組む社員は、会社の宝であり、利益をもたらす大切な

「人財」なのです。

この理念のもと、私は、どうしたら社員がイキイキと働けるのかを考え続け、あらゆる工夫をしてきました。

しかし、あるときに気づいたのです。

仕事にやりがいを持てるかどうかは、結局本人次第だと。

私が親会社から経営再建を任され、日本レーザーの社長になったばかりの頃の社員たちは、みんなすっかりやる気を失っていました。

会社は債務超過に陥り、倒産寸前、まさにお先真っ暗の状態。将来を見限った役員たちや一部の社員は会社を去り、有望な海外商権も奪われてしまい、社内には「うちの会社はもうダメなんじゃないか」「自分はいつリストラされるのだろう」という、あきらめと不安が漂っていました。

私は強い危機感を抱きました。

社員のモチベーションがどん底に落ちてしまっていて、このままでは本当に倒産してしまう。リストラや倒産に怯えたままの状態で、仕事にやりがいなど持てるわけがありませんし、やる気も湧いてきません。

そこで、「社員が安心してイキイキと働ける会社にする」という再建方針を打ち出しました。全社員を前に、「リストラは絶対しない。私の理念は『雇用』することだから」と宣言したのです。

雇用を守りながら会社を立て直すには、社員一人ひとりが高いパフォーマンスを発揮する戦力となることが鍵となります。

具体策として、人事制度を大幅に変更し、一人ひとりの努力が正当に評価されるしくみをつくりました。また、組織の一体感を高め、仕事に対する自主性や責任感を引き出す工夫も施しました。

これらの環境整備によって、やる気を失っていた社員たちの意識は変わり、モチベーションも高まりました。

しかし、会社にできることはそこまでです。つまり、やる気を発揮しやすい環境を整えることはできますが、その環境をどう活かすかは、本人に任せるしかありません。

どんなに制度を整えても、「この仕事はつまらない」「自分には向いていない」「もっとほかにいい会社があるんじゃないか」などと思っていては、やる気は湧いてきませんし、仕事のパフォーマンスも上がりません。

やる気になれるかどうかは、本人次第。

そう、あなたの意識ひとつにかかっているのです。

会社や仕事に対する不満を、若い人たちから聞くことがあります。

志望した会社に入社できず、仕方なく入ったという人もいるでしょう。

そもそもやりたい仕事が見つからず、就職できればそれでいいと入った会社かもしれません。だから、仕事にやりがいなど持てないという気持ちはわからないわけでもありません。

私自身、社会人一年生のときは、仕事にやりがいを感じることができませんでした。

私は大学を卒業後、ひょんなことからヨーロッパに遊学することになりました。そこで、世界を相手にビジネスを展開する日本電子の社員の方と出会いました。私がのちに入社する日本レーザーの親会社だった企業です。

英語を巧みに操り、グローバルに活躍する彼の姿を見て、「自分もこういう仕事がしたい」と考え、帰国後に日本電子の門を叩きました。

最初に配属されたのは、応用研究室でした。研究室といっても、研究開発に従事するのではありません。仕事の中心は、販売促進用の資料をつくったり、お客さまの会社に出向き、機器のデモンストレーションを行うこと。いわばセールスエンジニアです。

セールスエンジニアの仕事ができるなら、何の文句もありません。将来、海外で仕事をするときに必要なスキルが身につくので、積極的に買って出たいくらいです。

しかし、私に与えられた業務は、電子顕微鏡で撮影した写真を現像してプリントすることでした。その写真が営業資料になるので、誰かがやらなければいけない仕事であることは理解していました。

ただ、毎日、暗室に閉じこもって現像する仕事は、世界を飛び回る仕事と一八〇度違います。新人に与えられる仕事など雑務ばかりだとわかっていても、もっと自分に向いた仕事や将来につながるような仕事がしたい。それが本音でした。

退屈だなあ、つまらないなあ。毎日そう思いながら身の入らない仕事を続けていました。そんな私の心中を見透かすように、あるとき先輩からこう注意されました。

「このコントラストのつけ方はダメだ。いま扱っている電子顕微鏡の性能を引き出せていない。もうちょっと考えて仕事をしなさい」

ハッとしました。

それまで私は、自分がしている現像・焼付作業は「単純作業」だと決めつけていました。だから少しも面白みを感じられず、自分には合わないと考えていました。しかし、先輩のひと言で目が覚めました。これは単純作業なんかじゃない。工夫次第でいくらでも表現を変えられる奥深い仕事なのだ。そう気づいたのです。

すると、退屈だと思っていた仕事が俄然、面白くなってきました。もっとクオリティの高い仕事をするにはどうしたらいいか知恵を絞り、それがうまくいったときの達成感、評価される喜びも知りました。

仕事は自分自身で面白くするもの。

働き始めて数年で得た実感です。

自分には合わない、つまらないと思った仕事でも、真剣に取り組むことで最初の印象と異なる何かを発見するかもしれません。その可能性を探る前に、たったの数カ月で「面白くない」「合わない」と答えを出すのはもったいないと思います。

私はよく若い人たちに言います。

「仕事は三年。その仕事が合うか合わないか、面白いか面白くないかを判断するには三年は必要です。だから、とにかく目の前の仕事に三年は真剣に打ち込んでみてほしい」と。それでも何も見えてこない、最初の印象と何ら変わらないというのであれば、そこで見切りをつけてもいいでしょう。

転職をするにしても、三年間、懸命に働いた経験は無駄にはなりません。徹底的に打ち込んだ時間は、あなたの財産です。次にどんな仕事に就くにしても、そのときの知恵や工夫、成功体験は、あなたの人生の後押しをしてくれるに違いありません。

いまの会社、いまの仕事でいいのだろうかと迷っている人は、まずは三年、目の前の仕事に真剣に向き合ってみてください。

道を決めるのは、それからでも遅くはありません。

2 失敗よりも成功体験を増やせ

若いうちはチャレンジ精神でいろいろなことに挑戦し、失敗を重ねながら成長していくべきだ――。

年配の経営者と話していると、こうした声をよく耳にします。

たしかにチャレンジすることは大事ですし、失敗も無駄にはなりません。

ただし、失敗を甘く見てはいけません。失敗の体験は、自分のモチベーションを奪ってしまう可能性があるからです。

どんなに些細なミスでも、「失敗してしまった」「できなかった」というネガティブな意識は、小さなトゲとして記憶に残ります。そうしたトゲがいくつも記憶に刺さっていると、挑戦する前に「また失敗するのではないか」という意識が先に立ち、チャレンジする前に足がすくんでしまいます。

さらに、何度も失敗を繰り返していると、「自分はできる」という見込み感が低いため、どうしても恐る恐るの行動になってしまい、結果、同じようなミスを犯してしまう危険性が高い。失敗の体験は負のスパイラルに陥りやすいのです。

ですから私は「若いうちにたくさん失敗しておこう」という考えに反対です。

たしかに、失敗は成長のチャンスでもあります。うまくいかなかった原因を分析し、二度と同じ失敗を繰り返さないための策を考える。仕事の手順ややり方を変えてみる。目で見て確認できるようチェック表をつくる……そうした試行錯誤が人を賢くし、成長させるのです。ですから、「失敗は成功のもと」は間違っていません。

成功も失敗も、人が成長するうえでどちらも重要な要素です。

しかし、最初から失敗ばかりしていると、何かを学ぶ以前に、学ぶ意欲そのものが減退してしまいます。目の前に教科書があるのに、それを開いて読む気にならない状態といえばわかりやすいでしょうか。

　こうした状況に陥ることなく、失敗をうまく成長の糧に変えていくには、若いうちにどれだけ成功体験を積み重ねられるかがポイントになってきます。

　成功体験を自ら振り返って何かを学ぶのは、非常にワクワクする作業です。学ぶ過程で成功したときの喜びをリプレイしますから、つまらないはずがありません。こうして過去を振り返って学ぶ姿勢を身につけておくと、失敗体験についても前向きに分析ができるようになります。

　自らの失敗から学ぶのは、学ぶ楽しさを実感してからでも十分に間に合います。この順序を間違えてはいけません。

　問題は、どうすれば成功体験を積めるのかということでしょう。

　かつて日本経済が右肩上がりに成長していた頃は、比較的容易に誰しもが成功を体験できました。

　ところが、経済環境が逼迫する現代においては、そう簡単に成功を実感することはできなくなりました。どちらかというと、入社してからうまくいかないことの連続で、成功体験はほとんどないという若い人のほうが多いかもしれません。

何をもって「成功」というかは、人それぞれの価値観によって異なりますが、誰しもが「うまくいった！」と思えるような成功を一つでも多く積み重ねるには、知恵を絞る必要があります。

私が若い人によくアドバイスするのは、「できるだけゴールの設定を低く、短く、小さくするといいよ」ということです。

働く意欲にあふれ、自己成長に貪欲な若い人ほど、大きな目標を掲げ、自らに高いハードルを設けがちです。

めざすべきゴールを高く掲げることは、ビジネスパーソンとして素晴らしいことです。

しかし、それだけではモチベーションを維持するのは困難です。たとえば、いずれ独立して起業したいという目標を持っていたとします。

それ自体は、不況でみなが内向きになっている時代に、素晴らしいチャレンジ精神だと讃えたいのですが、具体的にどういうステップを踏んで、起業にたどりつけるのかが見えてきません。本人もあまりにも漠然としていて、何から始めればいいかわからないでしょう。

また、目標レベルが高すぎると、小さなつまずきや失敗でもダメージが大きく、途中で挫折してしまいかねません。

ですから、大きな目標はしっかりと胸に抱いたまま、一歩でもそのゴールに近づけるような目の前の仕事のゴールを設定するのです。

それは、ちょっと頑張ればこれくらいはできるだろうと見込めるレベルのものがいい。しかも、達成までの期間は短ければ短いほどいいのです。

今日、与えられた仕事の一つひとつをどう仕上げるか。ここからスタートしましょう。

たとえば……、

「絶対遅刻はしない」

「上司から頼まれた資料を過不足なく作成する」

「与えられた仕事の期日をきちんと守る」

「お客さまを訪問したら、次回のアポイントを入れておく」

「訪問したお客さまに、その日のうちにお礼のメールを送る」

「上司への連絡・相談・報告を怠らない」

「日報はていねいに作成する」

これら日々の業務は基本的なことであり、普通は通過点の一つとしてとらえられています。「これぐらいできて当たり前」と思われるかもしれません。

しかし、単純に思えるものでも、意外とできていないケースも多いものです。

「遅刻はしない」というのも、目標にするにはレベルが低すぎると感じるかもしれませんが、「絶対に遅刻しないぞ」と自分に言い聞かせていないと、うっかり寝坊してしまったり、前日のお酒が影響して起きられないということもあり得るでしょう。

「仕事の期日を守る」も、案外できていない人が少なくありません。

私も社員に、「これをいつまでにやっておくように」と指示することがありますが、「すみません、間に合わなかったのでもう一日いただけませんか」などと言ってくるケースがよくあります。

依頼された仕事は期日までに必ずやり切る。

これを毎日積み上げるだけでも、かなりの達成感を得られるはずです。上司からの信頼も獲得できます。

大きな目標を掲げることも大事ですが、目の前の仕事を一つひとつクリアしていくことの積み重ねがあっての、最終目標です。

地道に、日々の仕事を達成することで、仕事の面白さも発見できますし、何より自信が持てます。一つひとつの成功は小さなものでも、それが積み重なれば、簡単なことでは揺らがぬ自信につながるはずです。

毎日の仕事一つひとつに達成感を得られるようにする工夫。

それが、目標設定を日常レベルの細かな業務に落とし込むことなのです。

小さなゴールをどう設定すればいいかわからないという人は、自分が毎日行っている業務を書き出し、それらができたか、できなかったかのチェックリストをつくるといいでしょう。

一日の仕事の終わりに、今日の自分を振り返ってチェックする。「できた」の数を増やしていくことが成功体験の積み重ねにつながるのです。

3 最高のライバルは「過去の自分」

人がやる気になる動機はいろいろありますが、何かと何かを比較して、そこに差を見出したとき、やる気が高まることがあります。

たとえば仕事がマンネリ化していたとき、同期の中で一人だけ先に出世が決まったとします。すると「あいつには負けたくない」という気持ちが生まれて、目の前の仕事に真剣に取り組むようになる。まさに同期との差異が心に火をつけるのです。

ただし、他人との比較によって生じたやる気は、取り扱いに注意が必要です。度が過ぎると、自分を高めるのではなく、まわりの足を引っ張る方向に走ってしまうことがあるからです。

学生時代、スキー選手だった私は、さまざまな大会に出場していました。ある大きな大会ではベストコンディションで、それまでの選手のなかでトップのタイムでゴールしました。あとに滑る予定の数人の選手がそのタイムを上回らなければ、私の優勝です。

いまだから明かせますが、そのときの私は、後続の選手の滑りを見守りながら、心の中で「転んでくれ、ミスをしてくれ」と祈っていました。いくら優勝したいとはいえ、他人の失敗を望むなんて、なんてあさましい考えでしょうか。

結果は、私のタイムを上回る選手は現れず、優勝しました。

しかし、優勝が決まった瞬間、自分のあさましい感情が恥ずかしくなり、素直に喜べませんでした。

そのときの苦々しい経験は、いまでも忘れられません。

それ以来、私は他人と比較して自分をたきつけることをやめました。

自分は自分、他人は他人。それが基本です。

自分を他人と比較すると、かつての私のように、人の失敗を願うネガティブな感情に支配されることがあります。誰かをライバルに設定して、お互いに切磋琢磨《せっさたくま》する関係もいいのですが、自分をうまくコントロールしないと妬《ねた》みや嫉《そね》みの感情に乗っ取られて、相手を貶《おとし》めることばかり考えてしまうようになりかねません。

嫉妬や妬みほど、自分の成長をストップさせる悪感情はありません。成長はおろか、他人の成功が許せず、そのことばかりが気になって仕事もまともにできなくなるでしょう。

では、どうやって自分で自分のやる気に火をつければいいのでしょうか。

私が実践しているのは、まわりの人間と比較するのではなく、自分の過去を最高のライバルと考え、つねに過去を超えることを意識しています。

いわば、他人と比較するのが「横」の関係ならば、過去の自分を比較対象とするのは「縦」の関係です。

たとえば営業マンなら、ほかの営業マンと比較してナンバーワンをめざすのではなく、昨年の自分の売上額をライバルにして、「前期比一二〇%を達成しよう」と目標を立てて頑張っていくわけです。

過去の自分をライバルにするメリットは、何といってもネガティブな感情に支配されないことです。

足を引っ張りたくても、相手は過去ですからいまさら変えようがありません。過去に勝つためには、自分が成長する以外にありません。

比較はモチベーションの源泉ですが、比べ方を誤ると自滅します。

「同僚と比べて評価されていない」
「他社より給料が低くて不満だ」
「まわりの人と比べて、自分は幸せではない」

こうした気持ちがたびたび湧いてくる人は注意してください。

たとえそれでやる気に火がついても、その火が自分まで焼き尽くしてしまう危険があるのです。

競争相手は過去の自分。

過去の自分は、最高のライバルです。

一年前の自分は、自分の実績と比べて、いまの自分はどうですか？　昨日の自分より今日、今日の自分より明日、というように過去の自分と向き合い、ステップアップしていきましょう。

4

苦手な人とのつきあいで自分を鍛えよ

若い人がやる気を失う原因の一つに、職場の人間関係があります。

仕事自体にはやりがいを感じているのに、どうも上司や同僚との関係がうまくいかず、ストレスがたまっていく。こうした経験のある人は、少なくないでしょう。

苦手な上司や、好きになれない先輩が同じ部署にいたとしても、よほどの問題がなければ普通は我慢をしてつきあっていかなければなりません。

相手の嫌なところを直接指摘して、改善してもらうという方法もありますが、私の経験上、そうした指摘が状況を好転させたケースはほとんどありません。むしろ、相手の人格や性格を否定することにもなりかねず、関係を悪化させるだけのことのほうが多いでしょう。

上司や先輩を交代させることは困難ですし、彼らの性格を変えることも不可能です。だとすると、選択肢は一つです。

自分の意識を変えて、上司や同僚を好きになる。これしかないと思います。

こう言うと、「気の合わない相手を好きになることなんてできない」という声が返ってきそうです。

たしかに嫌いな相手を心から好きになれと言っても無理かもしれません。しかし、その気になれば、話していても不愉快にならない程度には気にならなくなるのではないでしょうか。職場だけの関係と割り切れば、そのレベルで十分です。

具体的にどうやって意識を変えていけばいいのでしょうか。

私が実践していた方法を二つ紹介します。

まず一つは、「紙に書いてポイ」作戦です。上司に対してストレスを感じたことがあったら、トイレットペーパーにマジックで自分の感情を書きます。それをくしゃくしゃに丸めて水に流してしまいます。同時に、嫌なこともすっぱり忘れてしまうのです。

一種の自己暗示ですが、やってみると案外すっきりします。

普通の紙に書いてゴミ箱に捨ててもいいのですが、社内だと何かの拍子にその紙が見つかる不安があります。トイレットペーパーなら、その点は心配なし。ついでに顔を洗って戻ってくれば、気持ちを切り替えて仕事ができるでしょう。

書き出して目に見えるようにするのは、相手の嫌なところだけではありません。

今度は相手の長所を探して、小さなメモに書き出します。書いたメモは流すのではなく手帳などに挟み、ときどき目に入ってくる状況をつくります。幅広の付箋に箇条書きにし、手帳のうしろあたりに挟んでおくのもいいでしょう。これをしばらく続けていると、相手への苦手意識が不思議と徐々に薄れていきます。

相手のよいところを探す行為は大切です。私たちは誰かを一度嫌いになると、そのイメージですべてを判断する傾向があります。

そのため、客観的に見るとよいことをしているのに、「どうせ裏があるに違いない」と、うがった見方をしてしまいがちです。こうしたバイアスは、苦手意識をさらに強固にする方向で作用します。

そこで、「いや、誰だって嫌な面もあれば、よいところもあるはずだ」という視点で相手のことを観察し、悪循環を一度リセットするのです。

さらに継続してメモを見ることで、相手へのポジティブなイメージを自分に植えつけていきます。

単純な方法ですが、私の場合、これで苦手意識はほとんど払しょくできました。

私は常々、物事の一面だけをとらえるのではなく、多面的にとらえなければならないと話しています。

人に対しても同じことが言えます。

たとえば、自分の上司が何かにつけ、同僚と比較して批判するようなタイプだったとします。

「A君はレポートをきみよりも早く提出し、しかも自分なりの提案まで加わっている。きみももっと頑張らないとな」

「B君はここまでできているのに、なぜきみはこんなに遅いんだ？」

そんなことを、ことあるごとに言われたら嫌な気分になりますよね。その上司に対して、「他人と比較して文句を言う嫌な上司」というレッテルを貼りたくなるでしょう。

しかし、それは上司を一面からしか見ていません。

部下をほかの部下と比較してモノを言うのはナンセンスですが、その上司の心中には、

「成長してほしい」という気持ちがあるのかもしれません。「上司は自分に期待してくれているのだ。同僚との比較は、自分への叱咤激励なのだ」と考えてみてください。すると、ただの小言にしか聞こえなかったものが、自分を発奮させるひと言に変わるでしょう。

最初に仕事は自分次第で面白くも、つまらなくもなると述べましたが、人間関係もまったく同じです。とらえかた次第で、ストレスから解放されるようになるのです。

人間関係をストレスにしない方法として、もう一つ実践していたのは、会社に出社する前に「トイレで笑顔をつくる」習慣でした。

笑顔作戦には二つの効果があります。

一つは、表情が笑顔だとネガティブな感情が湧きづらくなるという効果です。

人間の表情と心理は密接につながっています。普段は心理状態が表情に表れる場合が多いと思いますが、表情を意識的につくることで、心理状態をコントロールすることも可能になります。

もう一つは、こちらが笑顔なので相手もポジティブになり、イライラさせるような言動が起きない効果です。

昔の人は「笑う門には福来る」と言いましたが、幸運がやってくるのは、こちらの笑顔が周囲によい影響をおよぼしているから。笑顔には、それくらいの力があります。

ちなみに笑顔作戦は、お客さま訪問時にも有効です。私はお客さまの会社に行くときも直前にトイレを探し、鏡を見て笑顔をつくってから訪問しました。笑わないより、笑っている場合のほうが商談もうまく進みます。これはみなさんも経験則でわかっているのではないでしょうか。それと同じことを上司や同僚に対しても実行すればよいのです。

笑顔のポイントは口角です。目が少々怒っていても、口角が上がると柔和な表情になります。鏡の前で、ぜひ練習してみてください。

こうやって苦手な人とのつきあいを克服し、どんな相手とでもストレスを感じずに接することができるようになると、仕事が楽しくなるでしょう。

さらに、苦手なことから逃げずに対峙することは、自分に負荷をかけることでもあります。人間の筋肉は、強い刺激（負荷）を与えることで、より強く大きくなります。同じように、苦手な上司や先輩とのつきあいを克服することは、あなた自身を鍛え、成長させることにつながるのです。

5 遠回りこそ、人生の最短ルート

私の人生は、けっして順調ではありませんでした。

二八歳で労働組合の委員長になり会社から疎まれたり、左遷同然で海外の子会社に飛ばされたこともあります。なんとか経営再建をはたし、本社に戻って役員になったと思ったら、こんどは債務超過に陥った日本レーザーの再建という難題を課せられました。

順風満帆とはまったく無縁の、逆風だらけの人生です。

このように経営不振の海外法人や国内子会社に送り込まれることが重なると、おそらく普通の人は「なんで私が……」と思うかもしれません。

しかし、私自身はそれほど深く悩んでいませんでした。というのも、行き詰まるたびに次の言葉を思い出していたからです。

「人生において二点間の最短距離は直線ではない」

理論上、二つの点の最短ルートは直線になります。

しかし、こと人生においてはその常識が当てはまりません。

まっすぐ進もうとしても、壁にぶつかったり、途中で道が途切れていたりする。人生は山あり谷ありで、いろいろと迂回しなければ前に進めないことも少なくありません。でも、あとから振り返ってみると、遠回りだと思っていた道すじが、じつは最短ルートだったという意味です。

この言葉を教えてくれたのは、私の父でした。

父は陸軍の軍医で、先の大戦では満州、インドシナ、インドネシアに転戦して何度も命を落としかけたそうです。

私が生まれたあとの話ですが、たまたま乗り遅れた船が台湾沖で撃沈され、全員が亡くなったという話も聞きました。私には弟が二人いますが、父が遅れずに船に乗っていたら、弟たちはこの世に存在しなかったことになります。

そうした経験を重ねるなかで、人生とは思いどおりにならぬものだという人生観を身につけていったのでしょう。

父からいつこの言葉を聞いたのか、記憶が定かではありません。

ただ、何か壁にぶつかるたびにこの言葉を思い出し、「一見、遠回りに見えるが、これが私にとっての最短ルートなのだ」と自分に言い聞かせています。


個人としてのゴールは人それぞれです。定年まで勤め上げることを目標にする人もいれば、起業をめざす人もいます。出世して社長になることをゴールに設定している人もいるでしょう。

私自身は、最初から経営者をめざしていたわけではありません。しかし、二八歳で労働組合のトップを任され、海外支社や子会社の再建を担うなかで、自分がめざすものがはっきりとしてきたように思います。

会社の存続のために、たくさんの人を解雇しなければならない苦悩や、信頼していたパートナーが去った失望、自ら退路を断つ決意を示さなければ、人はついてこないこと……。

そうした数々の試練に多くの時間を費やしたからこそ、いまの自分があるのだと思います。おそらく、挫折も苦労も知らないまま、直線コースをたどっていたら、私はまったく違う人間になっていたでしょう。

いつの世も、親は子どもをまっすぐで安全なレールの上に乗せたがるものです。しかし、何の障害もなくまっすぐ進んでいけるのは、せいぜい学生時代の途中までです。いまは多くの若者が就職活動で挫折を味わい、なんとか入った会社でも、さまざまな現実の壁に跳ね返されています。

そのときに「自分は直進できなかった。もう取り返しがつかない」と考えてはいけません。人生に直線の道はなく、遅かれ早かれ回り道をするものです。

何かで行き詰まったら、「このまままっすぐ進んだら崖でもあるのだろう。遠回りしたほうがきっと早い」というように、のんびり構えておいたほうがいい。

実際、成功している人たちに話を聞いても、順風満帆でいまの地位に上り詰めたという人はほとんどいません。

人生では遠回りこそが最短ルートになる。

このことをぜひ忘れないでほしいと思います。

6

「困難なほうが面白い」は仕事の鉄則

人生は選択の連続です。

仕事においても、いろいろな場面で、どちらの道を選べばいいのだろうと迷う瞬間が訪れます。その選択次第で自分の人生が決まってしまうような大事な岐路に立たされることもあるでしょう。

そんなとき、何を基準に選べばいいのでしょうか。

若い人にアドバイスを求められたら、私はこう答えます。

「より困難なほうを選べ。楽な道は選ぶな」

これは単純に、苦痛をともなう道を選びなさいと言っているのではありません。簡単に乗り越えられそうな楽な道よりも、ハードルの高い道を選ぶほうが、仕事として断然面白いですし、何より自分の成長につながるということです。

私自身、つねに困難と思えるほうを選んできました。

二八歳で任された労働組合の委員長は、当初三年で辞めるつもりでした。しかし、オイルショックと放漫経営の影響で、会社の経営状態は抜き差しならぬほどまでに悪化してしまい、辞めようと思っていた三年めに、〝巨大津波〟が襲ってきました。

〝巨大津波〟とは、正社員三〇〇〇人の三分の一にあたる、一〇〇〇人をリストラしなければならなかったことです。

それから、外部からの救援に頼らず、自主再建をはたすこと、そして世間並みの賃金を勝ち取ることの実現をめざしたため、さらに八年、合計一一年もの間、労組委員長を続けなければなりませんでした。

三九歳で本社に戻ったものの、長い期間労働組合のトップを務めた人間をどう処遇するか、会社も悩みます。

私にもいくつかの選択肢がありました。

居心地のいい順に、本社勤務に残る、地方支店の幹部を務める、そしてアメリカ法人への出向がありました。経営陣が望んだのは、最後のアメリカ出向です。「アメリカ法人のニュージャージー支店が赤字で倒産寸前だから、現地に行って、おまえが処理してこい」というミッションでした。

いくつかの選択肢があった場合、「狭き門より入れ」という格言があります。英語の不安もありましたが、私はあえていちばん困難だと思った、アメリカへ行くことにしました。

現地スタッフを英語で説得し、支店閉鎖を理解してもらうことや、保有していたビルや土地などの資産を売却することなど、いかにもハードそうな課題に取り組むことのほうが魅力的に感じたのです。

要するに、「簡単にはうまくいかない難問ばかりだけど、面白そうだ!」と思ったのが、アメリカ行きを選んだ最大の理由でした。

実際にアメリカに行ってみると、次々に大きな壁にぶち当たり、困難の連続で胃潰瘍《いかいよう》になったりもしましたが、なんとか完璧に処理することができました。

しかし困難な道は、ここで終わりません。

アメリカから帰国後、一年もたたないうちに子会社の日本レーザーへ出向を命じられたことは、晴天の霹靂《へきれき》としか言いようがありませんでした。

それでも、社内の状況を見渡したとき、自分以外にここまで困難な役目を引き受ける人間はほかにいないだろうと考え、自ら火中に飛び込むことを決意したのです。

じつはこのとき、非公式には本社の役員として残るという選択肢もありました。

しかし、ビジネスマンとしていちばん脂の乗った四〇代の一〇年近くをアメリカで過ごした経験を活かすには、輸入技術商社である日本レーザーの再建は挑戦に値すると考えたのです。

こうした経験の積み重ねがあったおかげで、私は鍛え磨かれ、仕事人として、一人の人間として成長することができたのだと思います。

人生の分岐点に立たされたら、

「より困難なほうを選べ。楽な道は選ぶな」

——若い人たちへのアドバイスです。

第2章
ビジネスの基礎体力をつけよ

7 仕事でいちばん大切な七つの習慣

ビジネスでは結果が何よりも重視されます。口でいくら立派なことを言っても、結果がともなわなければ評価されません。非常にシビアな世界です。

ただ、結果さえよければ何をやってもいいというわけではありません。

当然、人の道に外れるようなやり方は認められません。たとえコンプライアンスに違反しなかったとしても、社会通念にそぐわないやり方で利益を上げると、いずれ大きなしっぺ返しを食らいます。それが世の条理というものです。

社会人には、社会人として当然知っておかねばならない基本的なルールや、備えておくべき資質があります。それすら身につけていない人は、結果云々の前に評価されません。

弊社では、そうした社会人として守るべきルールを「日本レーザーの社員としての基本」としてまとめて指導しています。

これらは、私自身が社会人になりたてのころから現在に至るまで共通して大切にしてきた、仕事の基本でもあります。

どれもごく当たり前のことばかりですが、どんなに基本的なことでも、意識しなければつい忘れてしまったり、まあいいかと易きに流れてしまいかねません。

私自身、どんなときもここで紹介する七つのルールを頭に置き、毎日の習慣として身につくまで徹底して意識してきました。

一つひとつは些細なことであっても、この七つをしっかり守ることができれば、社会人として大きな成長につながります。

意識づけができていないうちは、うっかり忘れてしまうかもしれません。自分の体に徹底的に叩き込むために、七つの項目を手帳に書き込み、毎日、出勤前と、帰宅後に確認するクセをつけるとよいでしょう。

どんなことも、基本ができていなければ応用をこなすのは不可能です。あなたがこれから大きな仕事を成し遂げるためにも、習慣づけていただきたいと思います。

【基本1】どんなときも時間を守る

時間を守れない人は、すべてにおいてルーズだと判断されます。

商談に遅刻をしてきた営業マンから何かを買おうとは思いませんよね。相手を一秒待たせるごとに、少しずつ信頼も失っていく。それくらいの危機感をもって時間を守るべきです。

時間管理は自己管理の原点です。

恥ずかしながら、私は若い頃いつも時間ギリギリに間に合わせるクセがありました。たとえば出社時間が九時なら、八時五五分にオフィスに飛び込んで、ギリギリのタイミングでタイムカードに打刻するといった具合です。

間に合っているのだからいいじゃないか、という声もあるでしょう。しかし、時間ギリギリに到着すると、余裕のない状態が一日中続きます。その後の仕事が絶えず綱渡りの連続になり、精神的なゆとりがなくなってしまうのです。

宮本武蔵と佐々木小次郎の巌流島の決闘で、武蔵がわざと遅れてきて、小次郎をいら立たせて勝利したという逸話があります。あれを鵜呑みにしてはいけません。武蔵の勝利は別の要因によるものであり、仮にほかの条件が同じなら、勝利に近かったのはゆとりを持って待っていた小次郎のほうだったと思います。

ビジネスにおいても同じです。いい仕事をしようと思うなら、先手必勝が原則。単に間に合わせるだけでなく、余裕を持った時間管理を心がけてください。どんなに自分では間に合うと思って行動していたとしても、時間ギリギリで行動していたら、交通機関の乱れや事故などによって遅れてしまうかもしれないのです。

私はそうした突発的な事故を回避する意味もあって、約束の時間の一〇分前には到着するようにしていますし、毎朝始業時間の三〇分前には出勤しています。

【基本2】約束は先約順に、が原則

約束を守ることは、ビジネスシーンだけでなく、人としての基本ルールです。わざわざ指摘しなくても、約束を守る大切さは多くの人が理解しているはずです。ところが現実には、「約束を破ること」に良心の呵責を感じても、「約束を変更すること」には無頓着な人が案外多く見られます。これは大きな問題です。

約束を変更することは、一度交わした約束を破棄して、新たに約束し直すということです。相手はスケジュールをやりくりしてその時間を空けてくれているわけですから、一度決めた約束は、よほどのことがない限り変更すべきではありません。

にもかかわらず、軽々しく「約束の日時を変えてほしい」と言ってくる人がいます。一度ならいざ知らず、何度も繰り返されると信用できなくなります。しかも、約束の当日に「別の日に」というのは大きなペナルティです。本当にやむを得ない事情の場合もありますから、一度は寛容に見てくれるかもしれませんが、二度三度のドタキャンは絶対にしてはなりません。これは、友人や家族との約束も同様です。

約束を気軽に変える人は、おそらく「約束はマネジメントするものだ」という意識があるのではないでしょうか。

その発想はこうです。約束にも大事な約束とそれほど重要ではない約束があって、優先順位をつけてマネジメントすることで利益を最大化できる――。根底にそうした意識があるから、一度決めた約束をあれこれ動かそうとするのでしょう。

しかし、本来、約束に重いも軽いもありません。

一〇〇〇円の商品を買ってくれたお客さまとの約束は、一〇〇万円の商品を買ってくれたお客さまとの約束と同じ重みを持つはずです。

損得に関係なく、つねに先約が優先です。その意識を身につけてください。

【基本3】
整理整頓は毎日コツコツと

日本の経済成長を支えたのは、ものづくりです。では、ものづくりを支えたのは何でしょうか。答えを一つに絞ることはむずかしいですが、大きな要素の一つに現場の「5S」があります。

5Sとは、「整理」「整頓」「清掃」「清潔」「しつけ」です。

つまり、現場をつねに整理整頓してきれいにしておくことで、クオリティの高い製品を効率よく生産していったわけです。

これは、ものづくりの現場に限った話ではありません。どんな仕事も同じです。仕事の資料や書類、文房具など身の回りのものがきれいに片づいていたほうが生産性は高まり、まわりの人も気持ちよくいっしょに仕事ができます。

5Sのうち、とくに意識したいのは「しつけ」です。これは、ほかの4Sが現場に定着するまで繰り返せという意味ですが、マネジャー目線だとしても、ちょっと偉そうな言葉ですね。みなさんの立場から考えると、「しつけ」より「習慣化」のほうがフィットするのではないでしょうか。

整理、整頓、清掃、清潔。いずれも三日坊主で終わってしまったら意味がありません。継続し、習慣化して初めて、整理整頓を実践できているといえるのです。

整理整頓は、毎日気づいたら片づけるのがベスト。退社後、机の上には何も残っていない社員と、いつも資料などがぐちゃぐちゃでどこに何があるか本人もわからなくなって、身動きがとれなくなってから数時間かけて片づける社員では生産性が圧倒的に違います。

弊社のオフィスを訪問された方からよく、「みなさん、整理整頓が行き届いていますね」「整然としたオフィスですね」などと言われます。

私が口うるさく片づけなさいと言っているわけではありません。みな、机の上も引き出しも、共有のファイルもきちんと整理していたほうが、はるかに仕事がはかどるし、気持ちよく働けることを知っているからです。

【基本4】お金とリスクの管理は厳しく

どんな仕事に就いている人でも、お金と切っても切り離せない関係にあります。

お客さまからお金を直接いただく営業部門はもちろんですが、管理部門にも経費があって何らかの形でお金とかかわりを持っています。日々の仕事でお金を見なくても同じです。

みなさんがオフィスで使っているPCも、当然ながら会社の経費で購入したものです。

かかわりのレベルは職種やポジションによって違っても、お金の管理と無縁でいられる仕事はありません。お金は企業にとって血液のようなもので、すみずみまで行き渡っているからこそ企業活動ができるのです。

それくらい大事なものなのに、なかにはお金の管理にルーズだったり、大切さがよくわかっていない人もいます。お金の管理が甘いと、自分だけでなく会社全体に迷惑がかかってしまいます。

お金にいい加減な人は、ビジネスパーソンとして失格だと心得てください。

どうしてお金に甘くなってしまうのか。おそらく「会社のお金と自分のお金は別のものだ」と考えているからではないでしょうか。

自分の小遣いは、誰でも使い道を真剣に考えます。ところが会社の経費になると真剣さが薄れて、お金が空から勝手に降ってくるかのような感覚でルーズに使ってしまう。要するに当事者意識に欠けているのです。

会社のお金は、自分のお金と同じ感覚で扱うべきです。それでこそビジネスパーソンとしてのお金の管理能力を高めることができます。念のために付け加えますが、会社のお金を私物化するという意味ではありません。自分の財布から出すときのように慎重に使うべきだという話です。

お金に関するリスクの感覚も磨いておきたいところです。

多くの人は、会社から毎月決まったお給料をもらって生活をしています。また、お金を支払えば代金に見合った商品やサービスを手に入れることができます。

ところがビジネスの現場では、この当たり前の感覚が通用しません。商品を渡したのに代金を支払ってもらえなかったり、逆に代金を払ったのにそれに見合うものを受け取れないこともあるのです。

弊社でいえば、やっていることは何も変わらないのに、為替の影響を受けて利益が減ったり増えたりすることもあります。理不尽だと嘆いても仕方がありません。お金とはつねにリスクがともなうものであり、それを織り込んだうえでつきあうべきものです。

リスクの感覚を養うには、自分の余剰資金を運用してみることが手っ取り早いでしょう。将来のための貯蓄は別にして、最悪損失しても支障が出ない程度の額で株や債券、投信などに投資するのです。

お金を投資すると、めざすリターンによってリスクの大きさが変わったり、ときには自分の想定以上のことが起きるのも自分ごととして実感できるでしょう。

そうした経験を通してリスク感覚が磨かれ、それが「このお客さまの支払い能力を過信してはいけないのではないか」「入金が遅れる可能性があるから、いまのうちに手を打っておこう」というリスク回避能力にもつながるのです。

【基本５】
ＩＱより大事な「継続力」を身につける

ビジネスに必要とされる能力はさまざまですが、それらを身につけるときに欠かせないのが「継続力」であり「反復力」です。

たとえば、いずれ英語を使う仕事をしたいと考えたとします。語学は一朝一夕に身につくものではないので、それなりに長い期間をかけて学習する必要があります。

これは頭のよし悪しとあまり関係がありません。地頭がよい人もそうでない人も、一定の学習期間が必要です。

このときに問われるのは「継続力」です。

どれほど頭のよい人も、三日坊主では何も身につきません。逆に頭のよさに自信がなくても、正しい方向性のもとに地道に努力を続けていれば、どんな人でも一定水準に達します。何の知識もない赤ちゃんだって二年間、人の会話を聞き続ければ母国語を話せるようになるのです。

自分の身につけたいことは、何度も何度も繰り返し、反復してDNAに叩き込むことが必要です。早起きが苦手な人は、一週間程度早起きができたからといって、早起きになれたとはいえません。習慣とは恐ろしいもので、今日はいいやとさぼってしまうとすぐに元に戻ってしまいます。一つのことが習慣化するのに必要な期間は三カ月程度だといわれます。三カ月、反復を繰り返し、スムーズにできるようになったら、定着したと考えていいでしょう。

いずれにしても、続けるか、続けないか――違いはそれだけです。

そう考えると、粘り強く続ける力はビジネスマンの基礎能力といっても過言ではありません。

ウサギとカメの寓話ではありませんが、中途半端な才能を持った人より、長く続ける力のある人のほうがずっと早くゴールに近づけます。

当たり前すぎて忘れがちですが、大事なことです。改めて胸に刻んでおいてください。

【基本6】「誰かの役に立つ仕事」を心がける

若い頃と現在の私とで、考え方が大きく変わった点があります。

昔は「自分でやった仕事の成果は自分の手柄」という意識でいました。しかし、ある程度の年齢になってからは、「自分一人の力では何にもできない。仕事の成果はみんなのものだ」と考えるようになったのです。

この変化には、担当する仕事の大きさも関係しているのでしょう。

若手のうちは比較的小さな仕事しか任されないので、自己完結的なやり方でも仕事ができました。しかし職責が上がるごとに仕事のサイズが大きくなり、部下の力を借りたり他部署と協力しないと回せなくなっていきます。私の場合、その段階になってようやく仕事は自分一人ではできないことに気づきました。

よく考えてみると自分が気づいていなかっただけで、若い頃の仕事も本当はたくさんの人の協力で成り立っていました。どうも自意識が強くて、まわりがよく見えていなかったのですね。

こうした気づきとともに働く目的も変化しました。

正直言って、以前は自分や家族の幸せのために働いていました。人に頼らず自分の力で仕事をしているのだから、自分の利益のために働いても文句はないだろうというわけです。

しかし、仕事に対する意識が変わってからは、「一人ひとりがまわりの人のために働けば、みんなが幸せになれる」という思いが強くなってきました。

仏教で言うところの「利他《りた》」の精神です。

このことにもっと早く気がついていれば、また違った仕事人生があったのかもしれません。

みんなのために働くという考え方に抵抗がある人は、「情けは人のためならず」で働いてみてはどうでしょうか。

時折、「情けをかけると人のためにならない」という意味と勘違いされますが、正しくは「人に情けをかけると、回りまわって自分に返ってくる」という意味です。

仕事に照らし合わせてみると、人の利益になるように働いていれば、いずれ別の形で自分の利益にもなるということです。

実際、ビジネスでは回りまわって得をすることがよくあります。

以前、海外のサプライヤーが資材の高騰を理由に、日本向け商品の値上げを打診してきたことがありました。拒否することもできたのですが、サプライヤーがギリギリのところまでコストダウンして苦労していることを知っていたので、申し入れを受諾しました。お客さまへ値上げを転嫁せず、弊社の利益を削って対応することにしたのです。

その後、円安が進んで一ユーロ一七〇円になったことがあります。ここしばらくは一〇〇円前後ですから、いまと比べると六～七割高い価格で商品を輸入することになります。輸入商社にとって死活問題です。

その苦境を知って、かつて値上げを打診してきたサプライヤーが、今度はこう申し出てくれました。

「いまはおまえのところが大変だろう。ユーロ建て商品の仕入れ値を値引きしよう」

まさに、情けは人のためならず。

人の利益に貢献すれば、いざというときに自分に返ってくるのです。

本当は、いずれ自分の利益になるだろうという下心も持たないほうがいいのですが、私はそこまで聖人君子にならなくてもいいと思います。

誰かのために利他の精神で仕事をしていれば、いつか自分のところに返ってくるかもしれない。

それぐらいの気持ちでいるほうが続けられそうだという人は、「情けは人のためならず」から入るといいでしょう。

自己中心的な意識から脱却することができれば、それだけでも一歩前進です。

【基本7】
「私」ではなく「私たち」で感謝できる人に

「いい結果を残せたのは、自分の力だ」と考える人がいます。しかし、それは思い上がりに過ぎません。

仕事は多くの人の協力で成り立つものであり、一人でできることなどほとんどありません。そこに気がつけば、まわりへの感謝の気持ちも自然に湧いてくるはずです。

しかし、なかには頭では理解していても、実感が持てない人もいるようです。

その場合は形から入ってみるのもいいと思います。

具体的には「おかげさま」を口ぐせにすることです。

どんな場面でも「おかげさまで、売上げ目標を達成できました」「おかげさまで、いい企画書ができました」というように、「おかげさま」と意識して言い続けるうちに、謙虚になり、やがて感謝がわいてくるはずです。

会話の主語も意識したいところです。

誰かと交渉するとき、自意識の強い人ほど、「私はこう思う」「あなたの主張はこうだ」というように自分と相手を明確に区別する主語を使いがちです。

もちろん「私」や「あなた」といった主語が必要な場面は多いのですが、これらの主語は対立の構図を生みやすく、多用するのは考えものです。

社員には、なるべく「私たち」という主語を使って話せと指導しています。

とくに「私」を「私たち」に変える効果は大きいものです。いままで自分の都合しか考えていなかった人も、相手の立場を考えるようになり、協働の意識が芽生えてきます。相手のことを「ともにこの仕事を成功に導く仲間だ」と思えたら、おそらく感謝の念も湧いてくるでしょう。

最初は口だけでもかまいません。繰り返しているうちに心が入り、感謝の気持ちが本物になっていくはずです。

8 「英語」と「ＩＴ」は現代の読み書きソロバン

ビジネスの基礎は、昔から「読み書きソロバン」です。日本で教育を受けた人なら誰でも一定水準にあるので意識していないかもしれませんが、これらの能力は使わないと錆びついていきます。

たとえば昔なら簡単に書けた漢字が、キーボードによるタイピングに慣れていくうちに書けなくなった、という経験をみなさんもしているはずです。それと同じように、漫然と暮らしているだけでは基礎的な国語力や計算力も衰えていくのです。

私の場合、発注書が回ってきたら、計算機を使わないで単価を確認します。弊社は商社なので、さらに為替レートを計算。たとえば「六千ドルの商品で一ドル八〇円なら、四八万円か」と、わざわざ暗算してから判子を押しています。

こうしたトレーニングを続けているおかげで、それなりに暗算は速く、円、ドル、ユーロの変換も自由自在です。もちろん計算機を使えば誰でも計算できますが、商談の場では電卓を持ち出していいケースと悪いケースがあります。後者の場合、モタモタしているようでは話になりません。

国語力も同様です。普段から意識して鍛えておかないと、文意を読み間違えたり、要領よく簡潔に書類がまとめられなくなってしまいます。仕事のなかで鍛えることはもちろん、普段から本を読むなどして地道に鍛えたいところです。


ただ、いまや国語力や計算力を身につけるだけでは足りません。これからは現代版の読み書きソロバンとして、「英語力」と「ITリテラシー」の二つが必要になってきます。

最低限の英語力がない人は、数十年前の漢字が書けない人と同じ扱いになるし、表計算ソフトを使いこなせない人は、九九に弱い人と同じ評価しかされない。シビアですが、そういう時代がすぐそこにきています。

英語の重要性を説くと、「うちは貿易商社じゃないから関係ない」という反論が聞こえてきそうです。

しかし、グローバル社会がもう到来しています。

これまではドメスティックなビジネスだと思われていた分野でも英語が必要になってきます。今後、日本の人口減は避けられませんから、いままで国内だけでやっていけた日本企業も、成長市場を求めて海外に出ざるを得ません。大手の下請けをしていた中小企業も国内だけではビジネスが成り立たず、従業員数十人の会社でも、海外に活路を見出すところが続々と出てくるでしょう。

経済活動がグローバルになれば人の移動も活発になり、日本で暮らす外国人も増えてきます。そうなると、町の定食屋さんやスーパーのレジ係の人だって英語を使う場面が出てくるかもしれません。グローバル化とは、そういうことです。

いまの時代、ビジネスマンにとって英語は必須スキルなのです。

ＩＴリテラシーも必須です。

大手企業なら部下に「この資料、つくっておいて」と任せることができるかもしれませんが、私たちのような中小企業は社長も自ら資料をつくらないといけません。そのときにビジネスで汎用的に使われているソフト程度は使いこなせないと、仕事にならないのです。

何でもＩＴに頼ると、読み書きソロバンの基礎的な能力が衰えてしまう不安がありますが、一方でＩＴを使いこなせないと時代のスピードについていけないこともたしかです。せめて、Ｗｏｒｄなどのワープロソフト、Ｅｘｃｅｌなどの表計算ソフト、ＰｏｗｅｒＰｏｉｎｔなどのプレゼン用ソフトの基本操作はマスターしておきましょう。


仕事ではほかにもさまざまな能力が求められますが、専門的な知識やスキルは仕事をこなしていくなかで鍛えていくことも可能です。

弊社の経理部長は、派遣社員の女性です。うちは外貨を扱っていて、普通の会社より複雑な経理が要求されます。時価会計が導入されてからはさらに高度になっていますが、彼女は八年経理の仕事を続け、いまでは社内の誰よりも詳しいエキスパートです。まさに実務を積み重ねて、専門スキルを磨いていったのです。

ちなみに彼女に正社員になることを勧めたのですが断られました。それでも派遣社員のまま経理部長というのは、多様性を重んじる弊社らしいと我ながら思います。

9 「笑顔」も能力のうち

つねに笑顔を絶やさない人と、ブスッとした表情で話す人。みなさんならどちらの人に仕事を任せたくなりますか。

言わずもがなですが、いい仕事が集まってくるのは前者のタイプです。

能力が同じなら愛想のよさなんて関係ないじゃないか、という見方は間違いです。まわりの人々を気持ちよくさせるのも仕事力の一つです。仮に上司が愛想のいい部下に仕事を回したとしても、それはえこひいきをしたのではなく、対人対応能力を評価した結果として受け止めるべきです。

考えてみてください。いつもニコニコ顔の営業マンと、世間話にも乗ってこない無愛想な営業マンがいたら、普通はニコニコ顔のほうから買うでしょう。そのときお客さまに、「あの営業マンをひいきしている」と文句をつける人はいないはずです。笑顔も営業力のうちだと、みんな知っているからです。

営業の場面以外でも基本は同じです。上司や部下に好かれたり、他部署や取引先とうまくやっていく能力は仕事に必要なスキルであり、意識して高めていく必要があります。

いまはこんなことを言っている私ですが、昔は〝笑顔＝能力〟とはとらえていませんでした。どちらかというと血気盛んな若者でしたから、空気を読まずに余計なひと言をズバッと言ったりして、まわりと衝突することも少なくありませんでした。先輩から注意されても、「生まれつきの性格なのだから仕方がないじゃないか」と反発していたくらいです。

しかし、ある先生から「どんな態度をとるかは一つの能力であり、高い人、低い人がいる」と教えられて考え方が変わりました。

明るさや快活さ、優しさといったものを生来の性格として位置づけると何も変わりません。しかし、それを「能力」として定義すれば鍛えることができますし、トレーニング方法を具体的に考えるようになります。

私はそう気づいてから意識して対人対応能力を磨くようになり、人間関係もうまくいくようになりました。

では、具体的にどうやって対人対応能力をトレーニングすればいいのでしょうか。

基本は、笑顔です。前にも書きましたが、自分の会社やお客さまの会社に訪問する前に、口角を上げて笑顔をつくります。ストレスの多いときほど笑顔を意識する。日々その繰り返しです。

話し方や声の調子などの訓練ができればさらにいいのですが、笑顔だけでも十分に効果があります。快活に話せなかったとしても、笑顔が満点なら相手に不快感を与えることはまずありません。

弊社では、対人対応能力（態度能力）について手当も出しています。新卒の新入社員は最低ランクの月額四〇〇〇円。そこから、笑顔や返事の仕方、姿勢などを評価して、四〇〇〇円刻みで上がっていき、最高月額二万円を支給しています。

社員の性格に応じて手当に差をつけたら問題ですが、能力と定義するなら、むしろ高い人と低い人とで差をつけないと不公平です。相手に好印象を与える能力は、誰でも鍛えられると考えているからこそ、こうした評価制度を導入しているのです。

10

週に一度は異業種の人に会いなさい

二〇代、三〇代のうちは、目の前の仕事にがむしゃらに取り組んで実務能力を磨いていくことが大切です。

教科書的な知識は実務の基礎になりますが、それだけでは現場のビジネスはこなせません。実際に仕事をしていくと、想定外なことが次々に起きます。そこでは教科書的知識だけでは対応できず、臨機応変に現場の知恵で問題を解決していかねばなりません。

実務能力は、そうした経験を重ねるほど磨かれていきます。実務能力は経験とほぼ比例するといってもいいでしょう。ですから、若いうちはとにかくたくさんの仕事をこなし、経験を積む必要があるのです。

ただし、自分で経験できることには限界があります。勤勉に働くことは素晴らしいことですが、睡眠時間を削って毎晩遅くまで残業していたら体を壊します。無理をして、パフォーマンスが落ちてしまったら本末転倒です。

自分ができる経験に限界があるなかで、どうやって経験知を最大化していけばいいのか。もっとも効果的なのは、社外の人や異業種の人と会うことだと思います。

自分のまわりに広がっている世界は、遅かれ早かれ経験できます。それを飛び越えて、未知の領域の世界でいろいろと話を聞いてみるのです。

たとえば、同業他社の人に会って話を聞けば、自社では思いもつかなかったような妙策を実践しているかもしれません。また他業種の人と交流することで、自分のいる業界の強みや弱みに気づくかもしれません。

いずれにしても自分がこれまで培ってきた常識を飛び越えることで、視野を広げ、経験知を増やすことができます。

弊社では、週に一日は「ノー残業デー」にするように社員を指導しています。ノー残業デーを求めるのは、家に帰って早く寝ろという意味ではありません。できれば週一回は社外の人や異業種の人と会って見聞を広め、ビジネスパーソンとしての肥やしにしてほしい。そうした願いから、残業しない日をつくるよう指導しているのです。

また、ステージの違う人から話を聞くことも役に立ちます。たとえば若手社員にとって、マネジメントクラスの考えていることは未知の領域。社長の考えに触れたことをきっかけに、世界が広がることもあります。

弊社は社長塾や次代のリーダー育成塾などの研修を用意していますが、これらはステージの違う人の経験を追体験するいい機会です。

本を読むこともおすすめです。仕事に直結する自己啓発本でもよいですが、個人的におすすめしたいのは歴史書です。人間の営みは昔からそう大きく変わるものではなく、一〇〇〇年前、五〇〇〇年前の経験もいまに通じます。時空を超えて学ぶことで、より本質的な理解、発見につながるでしょう。

目の前の仕事に集中することは大切ですが、それだけが経験を増やす方法ではありません。週に一度くらいはさまざまな世界の人と会い、読書の時間をキープして誰かの人生経験を追体験する。それによって自分の経験知はさらに高まっていくのです。

11 目標は「すでに達成された」と考える

英語を勉強している社員に、今年の目標を尋ねたとします。

「今年はＴＯＥＩＣ八〇〇点超えをめざしたいです」

このように答える人は、すでに黄色信号です。

「～したい」は、目標というより願望です。「できればいいな」という程度にしか目標にコミットしていないので、実現する可能性が高まりません。

もう少し意識の高い人は次のように答えます。

「今年はＴＯＥＩＣ八〇〇点超えします」

この「〜します」という表現には、願望よりも強い意志が感じられます。また頭の中で思っているだけでなく、行動することを示唆している。そういう意味では、「〜したい」に比べて大きな前進です。

ただ、目標を本気で達成するつもりなら、「〜します」でもまだ甘い。その気概を示すには、「〜しました」と言い切るべきです。

言い方としては、こうです。

「今年はＴＯＥＩＣ八〇〇点超えしました」

このように、未来のことを既成事実としてしまうのです。

「〜しました」と既成事実化すると、人間の脳は、まだ達成されていない現実とのつじつまを合わせるためにフル稼働をはじめます。

脳が現実のほうを目標に近づけようと働きはじめれば、こっちのものです。目標に対してモチベーションも高まり、達成するための行動にもドライブがかかります。

これは無意識レベルの話ですが、表層意識でも効果を発揮します。

既成事実化してまわりに宣言すれば、万が一達成できなかったときに恥をかきます。それを避けるには、実際に目標を達成するしかありません。つまり周囲に公言することで、自分にいい意味でのプレッシャーをかけることになるのです。

プライベートの目標でも同じです。

「そろそろタバコをやめたい」

「今年こそ相手を見つけて結婚したい」

これらの願望をよく耳にしますが、こういう言い方をしている人ほど毎年同じことを言っているような気がします。

本人にとっては切実な思いなのでしょう。しかし、やはり「思い」というレベルに留めている限り、目標は容易に実現しません。

目標は行動に移して初めて実現に近づくのであり、行動は目標を既成事実化することによって促されるのです。

「そろそろタバコをやめたい」は「そろそろタバコをやめます」に。日本語としておかしな表現ですが、さらに「来月にタバコをやめた」と言い切ることで行動に拍車がかかるはずです。

このように、「〜したい」を「〜しました」に言い換えると、「来月にタバコをやめた」などと、期日が具体化されます。これも目標を既成事実化する効果の一つです。

人は締め切りが明確ではない目標に対して、モチベーションが上がりません。「〜しました」と言い切ってしまえば、否が応でも期日が明確になり、自分を行動へと追い立てることができます。

この効果を最大限に発揮させる方法として、私は、「未来日記」をおすすめします。

たとえば「今年こそ相手を見つけて結婚したい」と考えているなら、結婚式の日どりを決めて、「○月×日、○○会館で式を挙げました」と手帳やカレンダーに書き込みます。

もちろんこの時点では何も決まっていませんが、ゴールの期日と内容がはっきりすれば、そこに至るまでの道筋も見えてきて、行動に移しやすくなるはずです。

もちろん実際に相手が見つかれば、二人で日どりを決め直してもいい。「未来日記」は行動を促すためのツールですから、その時々でリスケジュールも必要でしょう。

まわりに公言することが恥ずかしい内容でも、自分だけが見る「未来日記」なら躊躇《ちゅうちょ》なく目標を立てられるはずです。

12 失敗を防ぐ最大の策は、記録を残すこと

仕事に失敗はつきものです。リターンには相応のリスクがあり、リスクを一切背負わずにリターンを得ることはできません。もちろん、リスクを十分に吟味して事前に対策を練る必要はありますが、リスクを過度に怖がっていたら利益を得ることはできません。とくに若い人には、リスクを恐れずに積極果敢にチャレンジをしてほしいと思います。

入社数年の若手に、会社の命運がかかるような重要な仕事を任せるような会社はほとんどありません。

上司もある程度、失敗することを織り込み済みで仕事を任せていますから、失敗してもまわりがきちんとフォローをしてくれるはずです。

失敗は若手社員の特権ですから、必要以上に恐れなくていいのです。

しかし、失敗のやり方には注意が必要です。

前にも書きましたが、失敗はモチベーションを低下させる要因になります。成功体験がないままに失敗を繰り返すと、挑戦する意欲が薄れて、リスクを徹底的に避けようとする思考パターンが根づいてしまいます。失敗を許容するとしても、黒星先行になるような失敗の仕方は避けるべきです。

同じ失敗を繰り返すのもよくありません。

同じ失敗をしたということは、前回の失敗から何も学んでいないということです。会社が若手の失敗を許容するのも、失敗を成長につなげてほしいという思いがあるからです。その思いを無にするかのように同じ失敗を繰り返せば、まわりの見る目が厳しくなっても文句は言えません。

多くの人は手痛い失敗を喫したときに「二度と同じ轍《てつ》は踏まない」と心に誓うはずです。にもかかわらず、どうして同じようなミスを繰り返してしまうのでしょうか。

単純ですが、私は紙に書いておかないことが原因の一つだと思います。

人間の心理には、自分のメンタルヘルスを守る「防衛機制」という機能が備わっています。「都合の悪いことは忘れる」という機能もその一つ。この防衛機制が働くおかげで、私たちは悲しいことやつらいことがあっても、くよくよすることなく前向きに生きていけます。

しかし、防衛機制が利きすぎると、ネガティブな感情といっしょに失敗した事実や、そこから学んだことまで忘れてしまうこともあります。それが同じミスを繰り返すことへとつながるのです。

じつは私も例外ではありません。

日本レーザーの社長になって間もないころ、地方の代理店を通してあるお客さまに五〇〇〇万円の商品を販売することになりました。

通常は、弊社とお客さまが直接契約をして、間に入ってくれた代理店にはバックコミッションを支払います。たとえば五〇〇〇万円の商品のコミッションが五〇〇万円なら、お客さまからいただいた代金から私たちがそのコミッションを払う形になります。

しかしこの形だと、代理店の売上げは五〇〇万円です。そのとき間に入ってくれた代理店は銀行に融資を申し込み中で、売上げを少しでも大きく見せる必要がありました。

そこで代理店からの提案を聞き入れて、まず商品を代理店に卸し、代理店がお客さまに販売するという形をとりました。代理店のマージンは五〇万円なので利益は同じですが、売上げは五〇〇万円になる。売上げが大きいと銀行も安心しますから、代理店としてはひとまず安心です。

ところが、この代理店がお客さまから代金をもらったあと、倒産してしまったのです。弊社は代金未回収で大損です。

これは再建途上だった当時の弊社にとって、手痛い失敗でした。自分の甘い判断を恥じ、二度と同じ失敗はしないと強く心に誓いました。

それなのに、わが社はまた同じパターンで失敗しました。

数年後、ある代理店の頼みを断り切れず、バックコミッションを支払う形から、代理店を通して商品を販売する形に変更。その後、その代理店が倒産して、ふたたび代金未回収の憂き目にあったのです。

もう二度としまいと誓ったのに、あっさり忘れて同じミスを繰り返す。社内で教訓が生かされていませんでした。

それからは、なるべく自社のミスを客観的に記録に残し、時折見返すことにしています。

書いた時点で記憶にも深く刻まれますし、忘れても見ればすぐに思い出します。おかげさまで、三回目の失敗はいまのところありません。

失敗というリスクの恐ろしさを誰よりも熟知し、回避するための策をつねに考えている経営者というポジションでも、自社が過去に犯した失敗を忘れてしまうことがあるのです。

失敗する機会が多い若手は、なおさら忘れやすくなっているはずです。

同じミスを繰り返し、まわりの信頼を失わないように、しっかりと紙に書き、教訓として次に活かしてほしいと思います。

第3章

世界で勝負する仕事術

13
企業は世界で活躍できる人財を求めている

国内市場が飽和状態になり、海外に進出する企業が増えています。かつては一部の国際企業、大企業の話でしたが、いまや我々のような中小企業も含めて、海外での事業展開を積極的に始めています。ビジネスのグローバル化はますます進むでしょう。

また、国内に目を向けると、日本のシェア争いに海外企業が次々に参入し、一つのパイを世界を相手に競い合わなければならなくなりました。

人材のグローバル化も進んでいます。大企業はもちろん、これまで外国人採用の実績の少なかった中小企業でも積極的に外国人採用を進めています。

もはや、企業も、人も、日本と海外という垣根を越えた活動がごく普通になりつつあるのです。企業の活動がグローバル化するということは、ビジネスパーソンに求められる資質も変わってくるということです。

みなさんには、急速に進展するグローバル化の流れにたじろぐことなく、果敢に「世界で勝負できる人財」に育っていただきたいと思います。

では、「世界で勝負できる人財＝グローバル人財」とは、どんな資質を備えた人を指すのでしょうか。

弊社は海外から最先端の光の技術やレーザーを輸入して販売するのが主なビジネスです。売上げの九〇％を輸入販売が占めており、世界中の企業と取引をしています。

人材に関しても、日本人も外国人も区別なく採用しています。現在従業員は六〇人弱ですが、これまでに中国生まれの正社員を五人（うち二人はその後日本に帰化）、韓国籍の社員を一人採用しています。

グローバル化を進める企業の経営者として、そしてアメリカで九年間働いた経験者として、これからのビジネスパーソンに欠かすことのできない「グローバル力」について考えてみたいと思います。

14

多様性を受け止められるキャパを持て

「グローバル人財」と聞いて、あなたはどんな人のことを思い浮かべますか？

英語ができる人、はっきりと自己主張ができる人、国籍に関係なくコミュニケーションができる人……。こんなところでしょうか。

たしかに、海外のビジネスパートナーと対等に渡り合えるだけの「英語力」や「コミュニケーション力」は必要です。しかし、その根底に「異質なものを受け止める力」がなければ、どんなに英語が得意でも、有効に活かすことはできないと私は考えています。

日本人は民族の構成からいって比較的、同質な社会です。みんな発想が似通っているので、とくに自己主張しなくとも以心伝心で気持ちが伝わります。それを批判的にとらえる人もいますが、なかに入ってしまえば居心地のいい社会です。

とはいえ、デメリットもあります。

社会が均質化しているため、異質なものに対しては排他的になりやすく、ときにヒステリックな反応を示すことがあります。要するに、多様性に非寛容的で「異質なものを受け止める力」に欠けているのです。

海外にもそうした傾向がないわけではありません。

しかし、もともと多民族で構成されていたり、戦争によって施政者がコロコロと変わったりすることが多く、異文化との共存には慣れています。また人種差別の歴史を克服するために、それ相応に教育に力を入れてきた国も多くあります。

結果として、日本よりずっと「異質なものを受け止める力」が発達していると思います。

日本人が世界でビジネスを展開するときに障害となる最大の問題は、おそらくこの点でしょう。

相手が自分と違うことに慣れていないため、外国人というだけで特別扱いをしたり、外国人のなかでも国籍や人種、民族によって対応を変えたりしてしまいます。これではたとえ英語が流暢でも、グローバルな舞台で活躍することはできないでしょう。

世界で活躍する人は、外国人との違いを自然に受け止めたうえで、仕事にはそれを持ち込まず、誰に対しても平等にふるまいます。

別の言い方をすると、国籍や人種、民族を問わず、一人のビジネスパーソンとしてリスペクトをするのです。

率直に言って、日本人にはまだ欧米人に対してコンプレックスがあったり、その裏返しでアジアやその他の地域の人たちを軽視する傾向があるように思います。

そうした島国根性が抜け切れないようでは、いつになっても諸外国の人たちから信頼されませんし、対等につきあうこともできません。

そもそも誰に対しても偏見はよくありませんが、世界を相手にビジネスをする場合にはとくに意識すべきでしょう。

私は中学生のとき、祖母の家に寄宿して学校に通っていました。

祖母は、私が学校の授業に遅れないように英語の先生をつけてくれました。その先生は、たまたま近所に住んでいたアメリカ軍のオフィサー（将校）でした。それが私の初めての英語体験です。

大学生になってドイツに交換実習生として滞在したときは、寮の同室がアフリカのダホメ（現ベナン共和国）という国から来た黒人の留学生でした。生活習慣がまったく異なるので戸惑うこともありましたが、「向こうから見たら、こっちのほうがユニークに映っているのかもしれない」と考えたりもしました。

いま、私が外国人に対して身構えるようなことがないのも、こうした経験のおかげだと思います。

いままで外国人と直接交流する機会が少なかった人も、今後は無縁でいられません。海外出張の機会は増えるでしょうし、多くの企業で外国人比率が高まり、同じフロアで外国人が働いているという環境が普通にやってくるはずです。

そのときに、言語も文化も生活習慣も異なることを違和感なく受け止められるかどうか。さらに、違うことに対して偏見を持たず、日本人と接するときと同じように一人の人間として敬意を持てるかどうか。

それが、グローバル人財として活躍するための前提条件です。

15

英語はまずTOEIC五〇〇点をめざせ

グローバル人財の大前提は、外国人アレルギーやコンプレックスを克服し、異なる価値観や文化に敬意を持ち、そのうえでコミュニケーションを図ることです。

そのうえで、必須のスキルが「英語力」です。

英語はビジネスにおける共通語です。

英語を母国語としない国、たとえば中国やドイツの会社とビジネスをする場合も、やりとりは基本的に英語です。英語さえできれば、ひとまずコミュニケーションで苦労することはないでしょう。

ひと口に「英語力」といっていますが、そのスキルは二つに分けることができます。

一つは、英語の「情報処理能力」です。

英語の資料を読んだり、ビジネスレターを英語で書く能力がこれに当たります。ビジネスは口約束だけで終わらず最終的に文書を交わしますから、英語の情報処理能力が足りないと仕事が前に進みません。

文学的表現は必要ありませんが、英語のニュースソースを読んだり、海外のパートナーとメールでやりとりするくらいのレベルは必要でしょう。

情報処理能力の指標として、TOEICは最適です。

TOEICは二〇〇問の設問を二時間で解答しなければなりません。満点は九九〇点です。一二〇分の間に、二〇〇問というのは、単純に一問一分から二分のペースです。ゆっくり考えている時間はなく、次々に問題を解いていかなければとても間に合いませんから、情報処理力の指標としてうってつけなのです。

弊社では新規採用条件として、TOEIC五〇〇点以上を定めています。五〇〇点未満は採用しないということです。また、入社後も社員にTOEIC受験を義務づけており、点数に応じて手当を支給していますが、これも五〇〇点未満は手当なし、昇格も昇給もしないという人事方針をとっています。

いわば、「ＴＯＥＩＣ五〇〇点」は弊社で働くためのワーキングビザのようなものです。

厳しい条件だと思われましたか？

しかし、大卒新入社員の平均点数が四七〇点といわれていますから、ちょっと努力すればクリアできる点数のはずです。

手当は、五〇〇点以上は五〇〇〇円、六〇〇点以上で一万円、七〇〇点以上で一万五〇〇〇円、八〇〇点以上で二万円、最高額は九〇〇点以上で二万五〇〇〇円を毎月支給します。

九〇〇点以上の社員には、入社一年めでも年間三〇万円の手当がつきますから、会社としてはけっして小さな支出ではありません。それでもＴＯＥＩＣ手当を設けているのは、社員にグローバル人材としての実力を磨いてもらいたいという願いがあるからです。

なかでも、日本にいても圧倒的に必要となる英語の「情報処理能力」を高めるうえで、ＴＯＥＩＣは非常に効果的なのです。

私自身の話をしましょう。

四〇歳からの九年間、アメリカ支社の経営合理化を任され、ニュージャージーとボストンに赴任していた経験から、英語を駆使してのディベートはそれなりにできる自負がありました。しかし、ＴＯＥＩＣで試される情報処理能力はどれくらいの実力だろう……。

自分の実力を客観的に知りたかったことと、社員全員にＴＯＥＩＣ受験を義務化し、その点数によって処遇も変えているのに、社長が受験しないのはフェアではないという思いもあり、六三歳のときに生まれて初めてＴＯＥＩＣを受験しました。

結果は八五五点。そのときの社員の最高得点は、二〇代の女性社員が獲得した九六五点でした。

受験してみての感想は、やはり「二時間で二〇〇問」の壁は高く、全問解答までたどり着くには相当の集中力が求められるということです。

やはり、社員全員に毎年受験させることは大きな意味がある。そう実感しました。英語の情報処理能力、集中力が鍛えられるだけでなく、設問の意味を瞬時に理解しなければなりませんから、日本語の情報処理能力の訓練にもなります。

英語に対する恐怖心を持っている人もいると思いますが、私の感覚では「英語は慣れ」

です。毎日一〇分でいいから英語に触れる時間を持ってください。辞書を片手に英文を読む、ラジオなどで英語を聴く。リーディングとリスニングの習慣をつけること。そして、大事なことは毎日続けることです。とにかく英語に触れる時間をたくさんつくってください。

明確な目的やゴールがなければ、モチベーションを維持することはむずかしいでしょう。

そのためにも、TOEICテストは、TOEIC受験をおすすめします。

TOEICテストは、年二四回全国各地で開催されていますので、自分の学習ペースを考えながら、あらかじめ受験日を設定してしまいましょう。

受験日が決まれば、そこをゴールとして、逆算して勉強のスケジュールを立てやすくなりますし、モチベーションも維持できるはずです。

最近は弊社のように、採用条件として「TOEIC〇〇〇点以上」と設定している企業が増えていますから、そういう会社に所属していない人も、TOEICはビジネスパーソンとして必須だという認識を持っていただきたいと思います。

まずはTOEIC五〇〇点以上をめざして、今日からでも勉強を始めましょう。その努力は必ず、あなたのキャリアを後押ししてくれるはずです。

16 英語力ゼロからＴＯＥＩＣ九六五点の勉強法

ここまで読んで「英語が必要なのはわかったけど、いきなりＴＯＥＩＣ五〇〇点はハードルが高すぎる」と不安に感じている人もいるでしょう。

英語は苦手！　というみなさんに、ぜひ紹介したいケースがあります。

最近、採用した男性の新入社員は、ＴＯＥＩＣ九六五点という高スコアの実績があります。これは弊社の社員のなかでもトップの成績です。

なんだ、優秀じゃないかと思われたでしょうが、紹介したいのはその先です。

英語力の高い人は、幼い頃から英才教育の一環として英語を学んでいたり、塾に通って徹底的に受験英語を叩き込んでいたり、英会話学校に通っていたり、あるいは海外留学の経験を持っていたりするものです。

彼は、これらのいずれも経験していません。海外に行ったことは一度もなく、塾や英会話学校にも行っていません。

英語と無縁そうに見える彼が、どうしてＴＯＥＩＣで高得点を獲得できたのでしょうか。

彼は一歳のときに父親を亡くしています。そのため、母親の手で育てられ、経済的な理由から、塾に行くことも、私立学校に進学することもできませんでした。

ですから、彼の英語歴は、ごく普通のものです。公立中学校に入学したときから初めて英語に触れ、同じく公立の高校、大学と学校英語を学んだだけです。

しかし、物心ついたときから母親にこう聞かされていました。

「これからは英語が絶対に必要になるから、しっかり勉強するように」

亡くなった父親からの遺言だったそうです。

その影響もあり、彼は「とにかく英語ができるようになりたい」と、必死で英語を勉強しました。努力したことは、教科書を丸ごと暗記するまで、繰り返し音読し続けたことです。

これは、英語力向上の王道です（その意味は、次項を読んでください）。

さらに、彼のすごいところは、同じく英語をマスターしたいという友人と約束し、お互いに一切日本語を使わずに、英語だけで会話をしていたという点です。なんと、それを四年も続けたというから、本当に必死で勉強していたのですね。

その独学のかいあって、彼は弊社のＴＯＥＩＣ成績ナンバーワンまでに成長したのです。独学でここまでスキルアップできるのですから、お金をかけずに、ゼロから英語力をアップさせる方法はいくらでもあるのです。

彼が弊社にいることで、ほかの社員のいい刺激になっています。

英語力が不足している理由を、留学経験がないとか、勉強するお金がないとか、時間がない云々と言い訳ができないからです。

みなさんも同じです。

英語力の向上は、本人が「これからの時代は英語力なしでは生き延びられない」と真剣に自覚するかどうかで決まります。

英語の必要性に目覚めたとき、英語に対する意識が変わっているはずです。

17

英会話はグロービッシュで十分

英語力のもう一つの重要な要素は「会話力」です。

日本の英語教育は、どちらかというと情報処理能力に重点を置いているため、会話は苦手という人も少なくありません。ただ、会話は訓練と慣れによって誰でもそれなりのレベルになります。過剰な苦手意識を持つ必要はないと思います。

そもそもビジネスでは、英語を母国語とするネイティブのようにペラペラに話す必要はありません。グローバルなビジネスシーンでは、純粋なイングリッシュより、〝グロービッシュ〟と呼ばれるシンプルな英語を話す人口のほうが多いかもしれません。なにせ、全世界の英語人口の七割は、非ネイティブといわれているのです。

グロービッシュは、使用頻度の高い一五〇〇語だけを使って、意思の疎通を図ろうというコミュニケーション手段です。

アジアやヨーロッパの人たちが使う英語は、たいていグロービッシュです。お互い母国語ではないのですから、無理してむずかしい単語や表現を使う「完璧な英語」を話そうとしなくても恥をかくことはありません。グロービッシュで十分です。

グロービッシュを提唱したフランス人のジャン・ポール・ネリエール氏は、グロービッシュの特徴を次のように示しています。

・単語は一五〇〇単語とその派生語だけ
・発音がむずかしくない
・文章は短く単純に、一五語以内に
・非ネイティブでも一年で習得可能

こう並べると、英会話に対する不安も少しは軽くなるのではないでしょうか。

グロービッシュ英語に関する参考図書はたくさん出ていますから、試しに一度手にとってみるといいでしょう。
「英語は完璧に話す必要はない。伝わればそれで十分」というグロービッシュの考え方は、そのままビジネスシーンで必要な英語と同じです。

簡単な単語と、短い文章で話すにしても、いくつかの会話のコツがあります。

日本人が英語でつまずくポイントの一つが語順です。

日本語とは主語や述語、修飾語の並びが違うので、慣れないうちは頭の中でいちいち並べ替えて処理することになり、会話のスピードについていけなくなるわけです。

この問題を克服するには、とにかく基本的な構文を体で覚えて慣れるしかありません。

私がおすすめしているのは、中学校の教科書をひたすら音読する訓練法です。前に紹介した独学でＴＯＥＩＣ九六五点を獲得した弊社社員の勉強法と同じですね。

最初はゆっくりでかまいませんが、慣れてきたら少しずつスピードを上げていきます。

これを繰り返していると、そのうち自然と文を暗記してしまうでしょう。

自然に暗記するレベルまで繰り返せば、言葉の順序のパターンが体感的にわかるようになっていきます。

大切なのは、意識して暗記しないことです。

暗記を意識すると、途端に音読がストレスになって勉強を中断したくなります。語学の習得には何よりも反復が大事ですから、繰り返していたら自然に覚えるというくらいの気楽な気持ちで取り組んでください。

発音についても、アドバイスを一つ。

日本人は口をあまり開かずに、もごもごさせて話す傾向があります。これは英語の発音とうまくマッチしません。

いかにも英語らしい発音で話すには、顔をやや上に向けて、口を大きく開くことを意識するといいでしょう。こうすると舌がよく回って、声が響きます。英語らしく発音できると会話力にも自信がついて、堂々と話せるようになるはずです。

英語の専門書ではないのでこのあたりにしておきますが、ビジネスで使える水準の英語は、ここまで述べたことを実践すれば必ずマスターできます。

ちなみに弊社の社員の三分の一はＴＯＥＩＣ八〇〇点以上です。九〇〇点以上は九六五点の二人を含めて一五％いて、その中には高学歴ではない社員も含まれています。

訓練次第で英語力は磨けるという証拠ですね。

18

「会議で発言しないやつは泥棒と同じだ」

アメリカに赴任していたとき、言われてショックだったひと言があります。

日本電子のボストン支社に勤務していたころ、私は全米最古の（ジャパン・ソサエティ）日米協会のビジネスアドバイザリーボードという分科会のメンバーに選ばれて、月一回、会議に出席していました。

メンバーは一〇人ほどです。みなさんキャリアが豊富で、深い見識をお持ちの方ばかりです。私がわざわざ何か言わなくても議事はポンポンと進んでいくし、英語に自信がなかったこともあり、最初のうちはひたすら黙って座っていました。

するとチェアマンのアメリカ人が私にこう言ったのです。

「キミは何をしにここにきているんだ。会議に貢献するつもりはないのかい？」

英語が達者ではないからと言い訳すると、追い打ちをかけるようにこう言い放ちました。

「いまこうして話せているじゃないか。それでも発言しないなんて、sneaky（スニーキー）だ」

sneakyは、直訳すると「こそこそする」。このシチュエーションでは「コソ泥」「スパイ」といった意味になります。

発言しなければ存在を認めてもらえないことは、それまでの海外経験からわかっていましたが、それどころか泥棒扱いされてしまった。おとなしく座っていると、海外ではこういう見方をされる場合もあるわけです。

日本人の英語力は、同じアジアの中国人や韓国人と比べて、とくに劣っているという印象はありません。しかし中国人や韓国人は日本人に比べて積極的で、少々つたない英語でも臆することなく話します。そこでコミュニケーション力に差がついてしまうのです。

グローバル人財になるためには、英語力と同時に積極性を身につける必要があります。

日本人の標準的な感覚でいうと、少しでしゃばりなくらいでちょうどいい。「沈黙は金」が通用するのは日本だけだと考えておいたほうがいいでしょう。

19

自分の意思を伝えるコツは「Yes, and」

外国人とのコミュニケーションにおいては、自分の意見を明確に伝えることが大切です。

ただし、とにかく強く自己主張すればいいというわけではありません。

外国人は個人主義だと思われがちですが、チームプレイにも長け、とくにエリートは全体へ貢献しようという意識を強く持っています。とにかく自分の主張さえ通せばいいという態度では信頼されません。日本に限らず、「俺が、俺が」は万国共通で嫌われるのです。

そこを勘違いして強い自己主張をすると、海外でもまわりから浮いてしまう恐れがあります。加減が非常にむずかしいのですが、自分の意見はしっかりと主張しつつも、相手を尊重する気持ちを忘れないというスタンスが正解でしょう。

では、しっかりと自己主張しつつ、相手に不快感を与えないためには、どのように話せばよいのでしょうか。

アメリカ人は、「Ｎｏ，ｂｕｔ～」という話法を好みます。

「キミの意見は間違いで、私はこう思う。しかし、キミの言いたいことも一理ある」

と、相手の主張をいったん否定して自分の意見を述べ、あとからフォローするのです。

これをアメリカ人同士でやっている限りは、何も問題がなく会話が続きます。

しかし、同じ話法を日本人が使うと冷淡な印象を与えてしまうようで、なかなかうまくいきません。相当に英語力がある人でないと、「Ｎｏ，ｂｕｔ～」の言い回しは避けたほうがいいでしょう。

よく言われることですが、日本人向きなのは「Ｙｅｓ，ｂｕｔ～」です。

「キミの言いたいことは一理ある。しかし、私はこう思う」

と、いったん相手の主張を受け止めて尊重したうえで、自分の主張をぶつけるのです。

これなら相手の自尊心を傷つけず、自分の意見を明確に伝えることができます。アメリカ人でも、優秀なマネージャーはこの話法で話す人が少なくありません。洋の東西を問わず、リーダーになる人はまわりの声を受け止める懐の深さを持っているようです。

相手に不快感を与えずに自己主張することを目的とするなら、ひとまず「Ｙｅｓ，ｂｕｔ」を覚えておけば十分です。

ただ、たんなる意見交換にとどまらず、さらに一歩進んだ関係を築きたいなら、「Ｙｅｓ，ａｎｄ」という表現をおすすめします。

「キミの主張はもっともだ。では、こういうケースはどうだろうか」

「Ｙｅｓ，ｂｕｔ」と似ていますが、相手の主張は一切否定せず、向こうに寄り添いながら自分の意見を展開していく形になります。

この話法を使うと、衝突を避けたいという意図だけでなく、積極的に協力していきたいというメッセージが相手に伝わります。そういう面からもビジネスに向いた言い回しであり、日本人にも向いていると思います。

ここでは話法として紹介しましたが、相手に寄り添いつつ自分の意見を伝える「Ｙｅｓ，ａｎｄ」の考え方は、外国人とのコミュニケーションのみならず、誰に対しても役立つはずです。ぜひ参考にしてください。

20 アメリカで成功する〝四つめ〟の条件とは

グローバル人財とは、異なった価値観や文化を受け入れたうえで、コミュニケーションを図る努力ができる人だと述べました。

異文化というのは、アジアもヨーロッパもアフリカもインドも、世界中どの国にもいえることですが、日本人がビジネスにおいていちばん接する機会が多いのは、やはりアメリカ人でしょう。

私自身の九年間のアメリカ駐在の経験をもとに、アメリカ人とうまくコミュニケーションを図り、アメリカで成功するための条件を考えてみたいと思います。

アメリカは移民の国です。世界中からさまざまなバックグラウンドを持った人が集まり、根を下ろして生活しています。その多くはアメリカで成功することを夢見てやってきた人たちですが、夢をかなえて成功する人もいれば、道半ばで挫折してしまう人もいます。

彼らの明暗を分けたものは何だったのか。

アメリカに駐在していた頃、その疑問を友人にぶつけたことがあります。

私の仮説はこうでした。

「のし上がろうとする野心、そしてビジネスと英語の能力、さらにハードな仕事ができる体力。この三つがアメリカンドリームの必須条件ではないか」

すると友人は呆れたような表情で、こう返してきました。

「その三つなら、たいていの移民は持っている。それで成功するなら、アメリカはミリオネアだらけになるよ」

たしかにそのとおりです。では、ほかにどんな条件があるのか。

「四つめの条件は、〝運〟だよ。神様を味方につけた人だけが成功するのさ」

私は拍子抜けしました。運に左右されると言ってしまったら身もフタもないじゃないかと思ったのです。

しかし、しばらく考えているうちに、彼の言っていることがなんとなくわかる気がしてきました。

アメリカは、奉仕と寄付の国です。多くの人がボランティア活動に熱心に取り組み、お金のある人は教会に寄付もします。日本にも奉仕や寄付の文化がないわけではありませんが、アメリカ人はもっと積極的で、とくにエリートほど熱心に活動します。

なぜ彼らが慈善活動に積極的なのか。

その理由を尋ねると、「神への感謝」という答えが返ってきます。自分は神様に生かされているので、慈善活動を通して神へその感謝を捧げているというのです。

アメリカの友人が成功の条件として「運」を挙げたのも、背景にこうした宗教観、人生観があるからでしょう。

自分たちがいくら努力しようと、運命を握っているのは神様である。そう考えているからこそ、彼らは奉仕活動に励んで神様に認めてもらい、運のめぐりをよくしようとしているのです。

世界を見渡してみると、神様に感謝して運をつかんだ人が成功するという考え方は、一部の文化圏に限ったものではありません。

試しに、神様や運を「ご縁」という言葉に置き換えてみてください。

「ご縁に感謝すれば、ご縁に恵まれる」

このように言い換えると、日本人もアメリカ人の考えを感覚的に理解できるはずです。

同じような考え方は、イスラム教やユダヤ教にもあります。

「自分の力のおよばぬ何かに感謝を示せば、運やツキがよくなる」という考え方は、特別なものではありません。宗教や地域の枠を超えて、どこにでも存在するグローバルな考え方といってもいいでしょう。

私の質問に答えてくれた友人は、この法則をはっきりと意識していました。

「成功するためには運が必要で、幸運を呼び込むには感謝の気持ちが欠かせない」

私自身の人生をふりかえってみても、「真理を得たり」の心境です。

「運」などというと、他力本願のように聞こえるかもしれませんが、自分の「行い」の結果が「運」を招くのだと思います。

あらゆる場面で感謝を忘れない人のもとに、幸運はやってくる。

心に留めておくとよいでしょう。

第4章

自分の「枠」を越える

21

「いま、ここ、自分」で突破せよ

思わず逃げ出したくなるような無理難題に直面したとき、私は心の中で、

「いま、ここ、自分」

とつぶやいています。

これはお釈迦さまの生き方を示した言葉で、労働組合の委員長時代に、ある先生から教えていただいて以来、心の支えにしています。

言葉そのものはシンプルですが、その意味は非常に奥深く、人生の真髄を突いていると感じています。

最初の「いま」は、「いまこの瞬間に生きる」ということです。

人は過去に戻ることはできないし、明日は自分が生きているかどうかもわかりません。人はつねに「いま」を生きるしかないのですから、その「いま」を精一杯生きることに全力を尽くすべきだというわけです。

次の「ここ」は、「この場所で生きる」です。

私たちは、いつも「ここ」に生きています。もちろん引っ越しをして生活する場所を変えたり、転職して働く場所が変わることもあるでしょう。それでも自分の足元はつねに「ここ」であり、自分のいないほかのどこかにいくことはできません。「ここ」から逃れることは誰にもできないのです。

最後の「自分」は、「自分の人生を生きる」です。

自分は自分の人生を生きることしかできません。たとえ他人がうらやましくても、その人の人生を生きることはできないし、自分の人生がつらくても、誰かに代わってもらうことは不可能です。どうあがいても、自分の人生の責任は自分で取るしかありません。

目の前に難題が降りかかったときは、そうした意味を思い浮かべながら自分にこう問いかけるのです。

いまやらねば、いつやるのか。
ここでやらねば、どこでやるのか。
自分でやらなければ、誰か解決してくれるのか。

これらの問いを突き詰めていくと、最終的に「いまここで自分がやるしかない」という結論に達します。動かしがたい結論だと悟ったら、もう悩まない。覚悟を決めて、難題に立ち向かっていくしかありません。

「いま、ここ、自分」という言葉自体を知ったのは三〇代でしたが、すでに二八歳のときには「自分がやらねば誰がやる」という心境になっていました。

世界を飛び回るビジネスマンになりたいと夢を持って日本電子に就職した私は、入社早々、理想と現実のギャップという壁にぶち当たりました。

何度かお話ししてきた、社内の労働組合同士の争いです。

私は「六〇年代安保」世代で、当時の若者と同じように共産主義に対してある理想を描いていましたが、ドイツに交換留学実習生として滞在したときに、発展した西ベルリンと荒廃したままの東ベルリンの対照的な姿を目の当たりにし、マルクス主義が幻想にすぎないことを実感しました。それ以来、共産主義にはずっと懐疑的な立場です。

そうした背景もあって、入社後は民主主義的な思想を持った労働組合に属しました。ただ、その組合はあまりに弱腰で、理論武装もできていませんでした。たまりかねて、ことあるごとに民主的な労使関係の必要性を訴えていたら、「ならばおまえがやってみろ」と委員長に担ぎ上げられてしまった。それが二八歳のときです。


前にも触れましたが、委員長になってからは苦難の連続でした。

まず組合同士の対立をなんとかしない限り、まともに労使交渉ができません。そこで組合員教育を行い、なんとか左翼組合が張っていたピケ（自分の組合員以外にも不就労を強要すること）を突破。主流派の労組になることに成功しました。

ようやく片がついたと思ったら、その間に会社はオイルショックと放漫経営で倒産寸前の状態になっていました。会社がつぶれてしまうと、労働運動も意味がなくなります。私は組合委員長として会社側と交渉の結果、正社員の三分の一にあたる一一〇〇人の希望退職を受け入れるかわりに、経営トップ全員の退任を迫ったのです。

左翼組合から会社を守るために身を挺して戦った仲間に対して、人員整理の協力を要請するにはかなり葛藤がありました。仲間たちから冷ややかな目で見られ、裏切り者呼ばわりされたこともあります。精神的なダメージは大きく、何度も辞めようと思いました。

それでも最後までやり遂げたのは、自分が委員長から降りたところで労使交渉の仕事がなくなるわけではなかったからです。

もし私が辞めてしまったら、自分よりさらに経験の少ない後輩にこのハードな役目が回ります。そう考えると、いまここで自分が踏ん張るしかない。

まさに「いま、ここ、自分」の考え方で、委員長の仕事をやり続けたわけです。結果、荒れていた労使関係を改善することができ、倒産寸前だった会社を建て直し、社員の待遇を再構築するところまでこぎ着けました。

もし、労使関係が良好な会社に就職していたら、人生はまったく違った展開になっていたでしょう。このときの経験が私を大きく成長させたことは間違いありません。

組合委員長の仕事は少々特殊なケースかもしれませんが、みなさんにも何らかの形で「なんで私が……?」というような理不尽な役回りが回ってくることがあるかもしれません。

そのとき腹をくくって取り組める人と、そうでない人では、まわりの見る目が変わってきます。当然、信頼されるのは前者、覚悟を決めて難題に立ち向かう人です。

正直にいうと、損な役回りを買って出たことが必ずしも報われるわけではありません。

ただ、「いま、ここ、自分」は損得の計算と別の次元にある考え方です。

いいことがあろうとなかろうと、いま自分にできることを精一杯やってみる。たとえ報われないことばかりだったとしても、誰もが嫌がるような仕事を率先して引き受けていると、人間が鍛えられます。鍛えられた「折れない心」は、人生のさまざまな場面であなたの武器となるでしょう。

22
ときには与えられたレールを拒まない

誰かが敷いたレールの上を進むのはつまらない。自分の人生は、自分の手で切り拓くべきだ——。

このように考えている人は多いでしょう。

私も基本的には独力で道を開拓していきたいタイプです。自分の頭と体を使って汗をかくからこそ、人生は充実する。そう考えて、今日まで汗をかきながら生きてきました。

しかし思い返してみると、自分の力だけで道を切り拓いてきたわけではありません。

誰かが「こうするといいよ」と導いてくれた道に素直に乗っかった結果、人生がよい方向に導かれたことも多かったのです。

私は大学でスキーに打ち込んでいました。当時は将来について、それほど真剣に考えていなかったように思います。

二一歳のとき、「I・A・E・S・T・E」という理科系の学生に対する国際実習制度（いまでいうインターンシップ）で、ドイツへの交換留学生の募集に応募したのですが、それも「夏はスキーのオフシーズンで退屈。何か面白いことはないか」といった程度の軽い気持ちでした。

しばらくして、留学生を決める面接が行われました。そのとき私はスキー合宿の真っ最中でした。自分でも応募していたことを忘れていたくらいで、面接もサボるつもりでいました。

ところが、身勝手な私の態度に父が激怒。強制的に合宿から呼び戻され、あわてて面接を受けたのですが、ありがたいことに結果は合格でした。それが決まると、父に「どうせなら夏休みだけでなく、学校を一年間休学してヨーロッパをいろいろと見てこい」とアドバイスされました。

私は、その言葉に素直に乗っかることにしました。つまり、父のお膳立てでヨーロッパに行くことになったわけです。

ヨーロッパ遊学はなかなか刺激的で、その後の私の人生に大きな影響を与えました。なかでも運命的だったのは、あるビジネスマンとの出会いです。

滞在中、ご主人の仕事の都合でこちらに来ていた母の友人を頼って、パリに行きました。ホテルに泊まるお金はなかったので、子守りや皿洗いをすることを条件に一カ月間、居候《いそうろう》させてもらいました。

ご主人は日本電子の社員でした。当時、日本電子は電子顕微鏡の輸出に乗り出したばかりで、納入先の一つがパリの原子力研究所でした。機器を納入しても、研究所には電子顕微鏡を扱える人がいません。そこでオペレター兼サービスエンジニアとして、パリに赴任してきたそうです。

その彼から仕事の話を聞くうちに、私も自分の将来について真剣に考えるようになりました。戦後復興を電子顕微鏡の開発に賭けた、創業者の思いも伝わってきました。

当時はまだスキー一筋で、世の中にはどんな仕事があるのかということもわかっていませんでした。ただ、彼の話を聞いていて、世界で活躍するビジネスマンに純粋な憧れの気持ちを抱きました。

いずれ、どこかで働くときには、自分もこういう仕事がしたい。

人生におけるビジョンのようなものが、おぼろげではありますが、ここで初めて見えてきたのです。

パリでの出会いが縁となり、卒業後、私は日本電子に入社しました。ほかにも選択肢はいろいろあったのですが、この流れと運に身を任せたほうがうまくいく気がしました。

日本電子への入社も、ある意味ではまわりのお膳立てだったといってもいいでしょう。

自分で主体的に選択していこうとする意志は、とても尊いものです。

ただ、主体的に選ぶことにこだわりすぎると、自分の可能性を狭めることになってしまいます。

私自身すべての選択権が自分にあったら、きっとスキーに関係する道を選んでいたでしょう。当時の私の目には、白銀の世界しか映っていませんでしたから。

しかし、人のお膳立てに乗ることによって、それまで縁がなかった世界に触れ、視野が広がりました。現在、商社の経営者として充実した人生を送っていられるのも、まわりがお膳立てしてくれたものを否定せず、きちんと受け止めてきたからなのです。

自分では想像していなかった進路を誰かから示されると、「それは自分が望んでいた道ではない」と拒否したくなるものです。

しかし、あえて流れに身を委ねて、周囲のアドバイスにしたがってみると、世界がパッと広がるときがあります。「自分にはこれしかない」「他人の意見は必要ない」などと決めつけずに、まわりの声に耳を傾けてみてください。

自分に見えている世界というのは、どうしても狭くなりがちです。そこに、外からの客観的な視点が加わることで、思いがけない道が開けてくる可能性があるのです。

23
アピールしなければ何も始まらない

自分の世界を広げていくためには、ときに人のお膳立てに乗ることも大切です。ただし、すべて受け身で流されるだけでは、どこかで行き詰まってしまいます。流れに身を委ねつつも主体性をもって自ら動いていくことで、世界はさらなる広がりを見せるのです。

ヨーロッパへの遊学が決まったとき、私の頭に真っ先に思い浮かんだのは、「ヨーロッパに行けば、スキーの本場で好きなだけ滑ることができるかも」ということでした。

しかし国から費用が出るのは、ドイツ交換留学期間の三カ月間だけ。「一年間、ヨーロッパで見聞を深めてこい」と言った父も、「生活は自分でなんとかしろ」と突き放すだけで、とくに援助してくれる様子はありませんでした。

生活費を稼ぎながら、なんとかスキー三昧の日々を送ることはできないだろうか。思い悩んだ私は、スイス、オーストリア、イタリア、ドイツのスキー場にあるホテルやレストランに、つたないドイツ語で手紙を出しました。

「私は日本の学生です。冬の間、そちらで住み込みのアルバイトをしたい。きっとお役に立てると思います」

日本からわけのわからない手紙が届いて、現地の方は困惑したでしょう。おそらくほとんどはすぐゴミ箱に放り込まれたと思います。

それでも一〇〇通送ったうち、一通だけ返事がきました。オーストリアのインスブルックの近くのゼーフェルトというスキー場にある会社です。

「おまえを受け入れる。朝と晩、リフトのスイッチを入れる仕事だ。給料は出せないが、寝る場所だけは提供しよう」

思う存分スキーができる環境を求めていたので、先方の申し出は願ったり叶ったりです。すぐにオーケーの返事を書いたことを覚えています。

おそらく交換留学のプログラムに沿って渡欧しただけなら、こうしたチャンスはつかめなかったはずです。若さゆえの無謀なやり方でしたが、自分から働きかけたからこそ新しい扉を開くことができたのです。

「こうしたい」と強く望む何かがあるならば、積極的に自分の想いをアピールすべきです。ここで主張せずに、どこで自分をアピールするのでしょうか。

何事もタイミングは大事です。ここぞというときを逃してしまったら、二度とチャンスがめぐってこないかもしれないのです。

いま、というタイミングで、躊躇してはいけません。

自分からアピールすることの重要性は、ゼーフェルトでも痛感しました。

私が渡欧した当時は一ドル三六〇円で、国外には五〇〇ドルまでしか持ち出せませんでした。心配した母が出発前にパールの指輪やネックレスを手渡してくれました。いざというときは、これを売って食費にしなさいというわけです。

しかし、貴金属を売るのは大変でした。

言葉の話せない外国人でも、物を買うときはどうにかなります。多くの商品には値段が書いてあるし、値札がなくても、自分の欲しいものを指さして実際にお金を見せながらやりとりすればいい。お金と物をきちんと交換すれば、ぼったくりの被害もたいていは避けられます。

しかし、物を売るのは容易ではありません。

なぜこのパールは価値があるのか。自分はどれくらいの価値があると踏んでいるのか。そういったことをきちんとアピールできなければ、相手にもされません。

きちんと伝えなくても相手が意を汲んでくれるのは日本だけです。海外では、自分の意思をアピールできない人は、そこにいないも同然の扱いを受けます。

私のドイツ語は、貴金属商とのやりとりでずいぶんと鍛えられました。ドイツ語は得意でなかったのですが、人間、追い込まれると能力が研ぎ澄まされるようです。

ヨーロッパ遊学中は時間がたっぷりあったので、各地のスキー大会（現在のワールドカップ）を観戦して記事を書きました。

帰国後、それを持って雑誌社に売り込みに行き、原稿用紙一枚七〇〇〇円で買い取ってもらいました。記事と写真は「私の見た世界の強豪」と題して、スキーの月刊誌に六カ月間連載されました。写真も込みで、総額八〇万円ほどになったでしょうか。おかげで一年あまりの海外滞在費用がこの原稿料で足りました。

このときも、ゼーフェルトで身につけた売り込み術が役に立ちました。最初は「学生の書いたものだから」と安く買い叩かれそうになったのですが、貴重な観戦記であることを猛アピールして、それなりの価格で買い取ってもらうことができました。

自分ではあまり意識していませんでしたが、すでにビジネスの醍醐味に魅せられていたのかもしれません。

渡欧のきっかけは、たしかに人のお膳立てによるものでした。しかし自分からも積極的に動くことによって、単なる物見遊山以上の濃密な時間を過ごせました。

流れに身を委ねて外海に出ると同時に、自分でも積極的にアピールして新しいチャンスをつかみにいく。受け身と攻めをバランスよく組み合わせることで、自分の世界は広がっていきます。

これは普段の仕事でも同じです。

たとえば人事異動があって営業部からいきなり人事部に転属になったとします。本人には不本意な異動だったとしても、ネガティブにとらえないことです。

いままで知らなかった人事の世界に足を踏み入れることができるのですから、むしろ自分の可能性が広がったと考えるべきです。人事担当者として必要なスキルを身につけ、人を見る目を磨けば、さまざまな場面で役立つでしょう。

要は、自分の身に起きていることを、不遇ととらえるか、チャンスととらえるかによって、その後の可能性は大きく変わってくるのです。

一方、受け身のままで終わらせず、自分のやりたいことを発信していくことも大切です。たとえば「営業の経験をもとに新しい賃金体系を考えました」とアピールすれば、責任ある立場の人の目に留まり、チャンスが回ってくるかもしれません。

人のお膳立てに乗って世界を広げつつ、自らやりたいことをアピールする。

一見、方向性の違う行為ですが、うまく組み合わせるバランス感覚を持った人が大きなチャンスを手にするのです。

24 うまくいっているときこそ刃を研げ

労働組合の委員長はトータルで一一年間務めました。私はよそからの救援に頼らない「自主再建」にこだわったのですが、志を同じくする仲間のサポートもあり、プロパーから社長を出すことができ、賃金水準も世間並みに戻すことに成功しました。

その後、経営管理課長に就任したのですが、一部の役員からは、あまりいい顔をされませんでした。

三九歳で辞め、組合活動を一一年もやっていたので、私の頭の中には組合員約二〇〇〇人の顔と名前が頭に入っていた。経営陣よりずっと社員に近い位置にいたと思います。

組合の委員長を辞めたとはいえ、後輩が次の委員長を務めていたので、影響力も無視できなかったのでしょう。自分自身は一社員に戻ったつもりでしたが、経営陣がそう見なかったとしても仕方がありません。

会社の内情をよく知る人間が一課長をしていると、やはり経営陣はやりにくいのでしょう。結局、当時赤字に陥っていたアメリカ現地法人のニュージャージー支社の処理を命じられ、海外に出されることになりました。

まわりはこの辞令を「体のいい島流しだ」と言っていました。事実、そのとおりだったと思います。

しかし、私自身は「チャンスだ」ととらえていました。

アメリカ行きは、英語力を鍛え直すよいきっかけになります。委員長時代は英語を使うチャンスがなく、すっかり錆びついた英語力を取り戻し、さらに語学のポテンシャルを上げるには絶好のチャンスでした。もともと、世界で活躍したいという夢がありましたから、ひそかにガッツポーズを決めたくらいです。

もっとも、英語力はそう簡単に戻りませんでした。

出発前の二カ月間、ひたすら英語の勉強に打ち込んだおかげでヒアリングはある程度上達しました。

しかし、話すほうはまったく上達せず、相手の主張に対して反論があっても、うまく表現できずにやりこめられてしまう程度の会話力でした。私の任務は、解雇とビルや資産売却というハードなものでしたから、思うように言葉で交渉ができないのは非常にもどかしく、生まれて初めて胃潰瘍になったほどです。

それでも挫折せずに必死で食らいつき、一〜二年後には英語でタフな交渉ができるレベルに上達していました。

いまでも私は直接海外に行ってサプライヤーとトップ交渉をすることがありますが、英語で対等に突っ込んだ交渉ができるのは、このときの苦労のおかげだと思っています。

アメリカ赴任は、別の意味でもチャンスでした。

日本にいる間、私はつねに経営陣から警戒されていました。そのため重要な仕事を任されることもなく、ビジネスマンとしては中途半端な状態でした。このままでは実績を残したくても残せません。おそらく、あのまま日本にいても実務のキャリアを積めず、役員にはなれなかったでしょう。

一方、アメリカでの仕事は、ニュージャージー支社の閉鎖（つまり全員解雇）と、ボストン支社のレイオフ（一時解雇）でした。

誰もやりたがらない厳しい仕事でしたが、経営の合理化に成功すれば自分の実績として評価されます。

失敗して責任を求められるリスクもありましたが、成功すれば大きな実績となります。そういう意味で、私にとっては起死回生のチャンスでした。結果的には、アメリカ法人を一度も赤字にしませんでした。

そうしたアメリカでの仕事が評価されて、四五歳のときに本社の役員に抜擢されました。当時の最年少役員です。日本にいたら、この抜擢はあり得なかったでしょう。

まさに、ピンチがチャンスに転じたのです。

個人の人生にも、組織にも、ピンチは何度も訪れます。

リーマンショック以降、長引く景気低迷、東日本大震災や超円高による収益悪化などが原因で、日本の企業は苦戦を強いられています。

しかし、こうした企業にとってのピンチもチャンスに変えられます。

円高は、たしかに輸出中心の日本経済にとっては大きな打撃ですが、半面、原油のほぼすべてと資源の大半、そして食料の六〇％を輸入に頼らざるを得ない日本の現状を考えると、円高は大幅な輸入コストの削減になり、消費者にはありがたいことでしょう。

また、景気が悪くなると、人件費を削減するためリストラを行ったり、赤字事業から撤退し、設備投資も控えるようになります。

しかし、こうした事態にもチャンスはあります。事業再編を目的に、Ｍ＆Ａ（企業の合併・買収）やＭＢＯ（経営者や従業員が自社株の一部を取得し、事業経営を継承すること）も考えられますし、弊社のようにＭＥＢＯ（経営陣と従業員が一緒になって、対象会社を買収する取引）で独立する手法だってあり得ます。

このように、一般的には絶体絶命のピンチととらえられがちなことにも、必ず突破口はあるのです。不本意な環境変化に、もうだめかもしれないと思う瞬間は誰しもあるでしょう。そのとき「もうだめだ」で思考停止してしまったら、本当に終わってしまいます。

そうならないために、平時に刃を研ぎ澄まし、戦時にはそれを活かして使うという準備が大切です。日頃から意識して鍛えている人間にとって、ピンチはつねにチャンスとなるのです。

25

試練は「必要、必然、ベスト」である

私たちの人生には、「これも運命なのか」と受け入れがたい苦難が降りかかることがあります。ピンチよりももっと重く厳しい試練に立たされたとき、自分の運命を呪いたくなることもあるでしょう。

私の人生は逆風ばかりでしたが、こればかりは運命を引き受けられないと立ちすくんでしまった出来事があります。

私は二七歳で結婚し、二八歳で労働組合の委員長になってから約二カ月後、妻が出産をしました。かわいい双子の男の子で、「崇之《たかゆき》」と「順嗣《のりつぐ》」と名づけました。

ところが血液型の不適合で重度の黄疸を発症して、生後三日で二人とも命を落としてしまいました。

子どもを授かった喜びが一転、悲しみ一色に染まりました。

医師もいろいろと手を尽くしてくれましたし、誰を責めることもできません。

妻と二人で悲しみに暮れ、悲運を嘆きましたが、子どもたちの死はどうやっても変えることができない現実です。さらに残念なことに、その後、子宝に恵まれることはありませんでした。

私は絶望しました。いくら「もう取り戻せないことだ」と割り切り、以前の自分に戻ろうとしても悲しみはとめどなくあふれてきます。

それでも、仕事はしなければなりません。委員長就任一年めの私の目の前には、解決しなければならない課題が山積していました。

当時は、ちょうど労使関係の民主化をかけての厳しい戦いの真っ最中であり、睡眠時間は三時間とれればいいほう。夜を徹して取り組まなければならないこともありました。

そんな修羅場を、双子の赤子を抱えた状態で乗り切れただろうか。

さらにそれに続く、企業存続の戦いに全力を尽すことができたか。

子どもが育っていくなかで、突然のアメリカ出向を言い渡されたら……。

子どもたちがいても同じ選択をしたのかもしれませんが、少なくとも家庭の問題がその後の仕事人生に影響することはありませんでした。その意味では、愛する二人の子どもたちを亡くすという運命も、私たち夫婦にとっては必然であり、必要であり、これがベストだったのではないか――。

そう思えるまでには、長い葛藤と苦悩がありましたが、時が過ぎるごとに心の整理がつき、いまではこう受け止められるまでになりました。

それ以来、私は自分のまわりに起きることは、「必然、必要、ベストである」と自分に言い聞かせています。

人生には、その瞬間を切り取れば悲劇としかいいようのない出来事が起こります。しかし、長い人生のなかでその出来事を位置づければ、「必然、必要、ベスト」だったというケースが少なくありません。

私が日本レーザーに出向したのも、まわりからは悲劇だと言われましたし、その渦中は私も半ばそうとらえていました。

しかし、そのおかげで日本レーザーの仲間たちと出会うことができたし、私も経営者として成長することができました。

子会社への出向は、いまの自分を形成するうえで、まさに必要、必然、ベストの出来事だったのです。

このように、過去の出来事をポジティブにとらえ直すことができれば、どんな試練に遭遇したとしても、

「この苦しみもいずれプラスになる日がくる。これは自分にとって、必然、必要、ベストなのだ」

と受け止める受容体のようなものが心のなかに育つでしょう。

そうやって現実を受け止められるようになると、人生の中でいつまでも悩んでいる時間がグッと減っていきます。この切り替えが大事なのです。

人間は感情の生き物ですから、つらい出来事を前にして平然としていることはできません。むしろ悲しいことはきちんと悲しめる、人間らしい感性は必要です。

ただ、いつまでもネガティブな感情を抱えていると、仕事も人生も、すべてが悪い方向に引っ張られます。どこかのタイミングで、悲しみや怒りといった感情を手放さなければ前には進めません。

とくにビジネスにおいては、「切り替える力」も必要です。早い段階でとらえ方を変えて、より生産的・現実的な対応をしていくことが求められます。とはいえ、頭を切り替えろと言われて即座に切り替えられるほど、人間は器用ではありません。

「切り替える力」を鍛えるには、普段から「まわりで起きることは必然、必要、ベストだ」という思考習慣を身につけておくことが大切です。

私は、生まれてすぐに亡くなった双子の我が子のおかげで、大きく成長させてもらった。あの経験があったからいまがある。そう感謝しています。

第5章
真のリーダーシップとは

26

マネージャーになるな。リーダーをめざせ

ここまでは、ビジネスパーソンとして、仕事のスキルを磨き、自己を向上させるために大切なことを自分の経験から語ってきました。

現在は、上司のもとで働いている人が多いと思いますが、いずれはみなさんも部下を持つリーダーになるでしょう。

そのときのために、いまから「リーダーシップとは何か」「どんなリーダーをめざすべきか」について考えたいと思います。

よく混同されがちですが、リーダーとマネージャーは役割が違います。

日本語に直すとマネージャーは「管理者」で、リーダーは「指導者」。

マネージャー（管理者）は、会社の資源であるヒト、モノ、カネを管理する人です。管理には知識や技術が必要ですが、それらは勉強することである程度身につけることができます。

一方、リーダー（指導者）は方向性を示して、会社の重要な資源であるヒトのパフォーマンスを最大限に引き出す人です。

若い人だけでなく、役職を持つ年齢になっても、この違いを理解していない人が少なくないようです。彼らは、人の上に立てば誰でもリーダーになれると思い込んでいるのでしょう。役職や地位と、リーダーシップとは本質的には関係のないことだということを、まず認識する必要があります。

実際、管理職に就いている人たちを見ていると、マネジメントができる人はいても、リーダーとしての資質を備え、きちんと機能できている人はそういません。

マネージャーを極めたいというなら、それでもいいと思います。

しかし将来、社長や役員になって経営に携わろうと考えている人は、やはりリーダーとしての実力を意識して磨いていく必要があります。

では、どのような人をリーダーと呼ぶのでしょうか。
日本レーザーでは次の七つの条件を満たす人をリーダーとして位置づけています。

一、瞬時に判断し、機敏に行動し、チャンスを呼び込み、結果を出す
二、他人に頼らず、何でも自力で成し遂げる
三、合理的で矛盾のない判断をし、問題を解決する
四、現状に甘んじず、意識改革をして、進化・飛躍・発展する
五、つねに前向きの態度で、人を褒《ほ》め、プラス発言をする
六、信念・情熱・ビジョンを持ち続ける
七、困難に直面しても、「何とかなる」と自信を持って対処する

こうやって並べると、リーダーに求められるものが、マネージャーに求められるものと質を異にすることがおわかりいただけると思います。

七つの条件をまとめると、リーダーに求められるのは総合的な「人間力」といっていいでしょう。

「人間力」は簡単に定量化して点数をつけられるものではありません。若いときからの経験であったり、日々の仕事の積み重ねのなかで培われていくものです。

ですから、早く気がついた人ほど有利なのです。たとえば、二二歳の新入社員のときから、自分はリーダーをめざすのだと意識し、リーダーの何たるかを理解している人と、三〇歳でも自分の方向性が定まらず、あとから気づいた人とでは、その差は容易に縮められません。

若いうちに自分の目標がまっている人は、いま自分がなすべきことは何かを知っています。マネージャーではなく、真のリーダーをめざそうというあなた。

社長や役職にある人間が、必ずしもリーダーというわけではありません。

仕事をするうえで、前述の七つの条件を重んじ、行動する人。新人だからとか、転勤したばかりだからなどということに関係なく、自分の利益ではなく、組織のため、お客さまのために挑戦し、成し遂げようと努力を惜しまない。まわりにあきらめそうになっている人間がいれば、励まし、やる気を取り戻させる――。

そうしたことができる人を「真のリーダー」というのです。日々の仕事のなかで、どれも実践できることですよね。いまからそれができる人と、できない人。それがマネージャーで終わる人と、リーダーになる人との分かれ道なのかもしれません。

27

「問題はすべて自分のなかにある」の覚悟で

想定外のことが起きたときの第一声を聞けば、その人にリーダーの素養があるかどうかを見極められます。トラブルに直面して、

「あり得ない。そんなはずはない！」

などという言葉が出てしまう人はリーダーに向いていません。現実を直視して解決しようという覚悟が感じられません。あるいは、腹をくくるまでに時間がかかり、問題をさらに悪化させる恐れもあります。

リーダーの頭の中に「あり得ない」はあり得ません。

そもそも、リーダーはつねにある程度のリスクは事前に想定しています。仮に想定外の

ことが起きたとしても、「まだこの可能性が残っていたか。リスクの想定が甘かった」と真摯に受け止めて、緊急対応や原因究明にあたります。

この差が如実に現れたのは、東日本大震災の対応です。

震災によって直接的な被害を受けただけでなく、サプライチェーンの分断で操業や営業ができなくなったり、自粛ムードや節電の影響で客足が鈍るなどして、売上げを落とした企業がたくさん出ました。それらの被害を想定して事前に対応しておくことは、むずかしかったに違いありません。

それを差し引いても、経営者はどんな現実も現実として受け止め、緊急対応しなければ社員たちの生活は守れません。誰かが助けてくれるのを待っているわけにはいかないのです。

震災後は弊社も売上げが大きく減りました。その年の三〜五月は前年比でおよそ半分です。このまま手をこまねいているわけにはいかないので、「いまある案件を前倒しで進めてほしい。お客さまにも、積極的にお願いしていこう」と営業方針を変更しました。

ありがたいことに多くのお客さまが協力してくださり、六月には例年並みの売上げに回復。同時に新規開拓もした結果、若干受注は前半より減少したものの、二〇一一年度は二〇一〇年度に引き続き過去最高益を更新しました。

場合によっては、マニュアルにない異例の対応をしなければいけないケースもあるかもしれません。そのときにパニックに陥ったり、思考停止してしまうのはマネージャーレベルです。イレギュラーでも必要とあれば果敢に決断を下せるのが真のリーダーなのです。

リーダーに求められるのは、「現実を直視して、自分の問題として解決する力」です。

他責か自責かでいえば、リーダーの発想は自責です。

たとえば、円高によって自社の製品が海外製品に比べて優位性を失ったとしましょう。このとき「円高だから自分のせいではない」が事実だとしても、他責の発想になった時点で、厳しいようですが、リーダー失格です。

リーダーは事実を受け止めたうえで、「円高はどうしようもないが、自社として何ができるだろうか」と考えます。問題を自分の外側に置かず、解決可能な課題として自分の内側に取り込んでいく。それがリーダーの思考法です。

この思考法が効果を発揮するのは、大きな事件や事故、マクロな要因を目の前にしたときに限りません。むしろ日常業務における小さなトラブルやミスでこそ、「問題は自分の内側にある」という考え方が活きてきます。

継続してご契約していただいた案件が突然、なくなってしまったとします。

このとき「不景気だから仕方ないか」と済ませてしまう人は、なかなかリーダーにはなれないと思います。

お客さまが発注を取りやめたのは、本当に景気などの外的要因だったのでしょうか。ひょっとして営業やサポートの対応に何か不満があった可能性も考えられます。

仮に外的要因による失注だったとしても、値引き交渉に応じれば失注は防げたかもしれません。そのあたりの原因を探っていくと、こちらの対応いかんで再受注が可能かもしれないし、ほかのお客さまの失注を防ぐ策を事前に講じることができるかもしれません。

このように物事を自責でとらえることにより、その後のビジネスの精度が大きく変わっていくのです。

自責の思考法がなかなか身につかないという人は、問題発生時にとにかく現場に行くことをおすすめします。

外部要因に責任を負わせてしまうのは、問題の当事者だという意識が薄いからでしょう。

自分のせいではないという感覚があるから、問題を自分のなかに取り込めないのです。

現場に行けば、否が応でも当事者になります。

たとえば機械の故障で生産ラインが止まったら、とにかく工場に駆けつけてください。あるいはお客さまからクレームがあれば、担当者らと同行していっしょに話を聞くべきです。

現場で機械が止まっていたり、担当者が怒られている姿を見れば、普通は「自分が何とかしなくては」という気持ちになります。

もし、そういう意識に少しもなれないのだとしたら、残念ですがそもそもリーダーに向いていないと思ったほうが賢命です。

正直言って、自責の発想はストレスが増えます。ほかの人なら他責にするものまで背負い込むのですから、気苦労が増えるのは仕方がありません。リーダーは、それに耐えうるメンタルの強さも必要です。

問題はすべて自分のなかにある。

そう言い切れる覚悟のある人だけが、リーダーになれるのです。

28
「着眼大局、着手小局」の勘どころをつかめ

「よからんは不思議、悪からんは一定《いちじょう》とおもえ」

祖父母が眠るお寺にお参りに行ったとき、山門にこう書いてありました。

気になったのでお坊さんに尋ねてみると、次のような答えが返ってきました。

「物事がうまくいくのは不思議なことで、説明のしようがない。しかし悪くなったときには必ず原因がある」

プロ野球の野村克也元監督は「勝ちに不思議の勝ちあり、負けに不思議の負けなし」と言いましたが、どちらも意味は同じです。

これは、どの世界でも通じる格言です。

リーダーはうまくいっているときほど、この言葉を思い出すべきです。事業やプロジェクトがうまく動き始めると、何か成功法則のようなものを得た気になり、慢心してしまう恐れがあるからです。

うまくいっているときほど、人は謙虚になるべきです。

経営が順調に運んでいるとき、私は「たまたま運がよかったからだ」と考えます。けっして自分の手腕によるものだとは思いません。さまざまな好材料が重なったおかげで、いまは順調にいっている。しかし、風向きが変われば、昨日通用したことが今日はもう通じなくなるかもしれない――。リーダーにはそれぐらいの危機意識が必要です。

おかげさまで日本レーザーは一八期連続黒字決算ですが、この結果が自分の実力によって導かれたと考えたことはありません。もし自分の実力ならどんなに誇らしいことかと思いますが、本当にいろいろなご縁に恵まれた結果にすぎないのです。

私にリーダーとして優れている点があるとすれば、「うまくいっているのは運や環境のおかげ」と自覚しているところぐらいでしょう。

一方、悪くなったときは、前に述べたように、自責の発想で原因を追究していかないといけません。何か問題が発生すれば、それを運や環境のせいにせず、自分の問題としてとらえ、主体的に対処していく必要があります。その気構えのない人に、リーダーは務まりません。

うまくいったときは運や周囲の人のおかげだと考え、うまくいかなかったときは責任を引き受けて原因を考える――。

なんて損な発想だろうと思われるかもしれませんが、ごく自然にそう考えられる人こそリーダーにふさわしいのです。

この発想がベースにあるかどうかで、目標達成に向けた仕事の進め方も変わってきます。「成功は自分の手柄、失敗は誰かのせい」と考える人は、リスクに対しての意識が低いように思います。

トラブルが起きたときに、自分の責任ではないから逃れられるという意識が、仕事の詰めを甘くさせるのでしょう。

憂慮すべきリスクが一〇あるのに、そのうち三しか想定して対策を講じていないというイメージです。想定していなかった七の部分で万一トラブルが起きて失敗したら、それは原因のもとをつくった人間が悪いとか、運が悪かったからだとまわりに責任転嫁し、自分で責任を取ろうとはしません。

一方、「よからんは不思議、悪からんは一定」と考える人は違います。どんな失敗が発生しても、リスクに対して見込みが甘かった自分の責任だと考えます。ですから、一〇のリスクはすべて事前につぶそうとしますし、一一個めのリスクはないかとすみずみまで細心の注意を払って考えます。ある意味では、とても悲観的です。ただし根底のところでは、自分のやっていることの方向性は正しく、最終的にはうまくいくはずだという自信を持っています。心配性なところと、楽観さが同居しているところが、優秀なリーダーの特徴です。

言い換えるなら「着眼大局、着手小局」です。

もともとは中国の筍子《じゅんし》の言葉だといわれていますが、囲碁・将棋の世界から派生し、いまでは経営の世界でも広く知られるようになりました。

「物事は大局的視点で着眼し、実際着手するときは、足元の小さなところから始めなさい」という意味です。

優れたリーダーは、この商品が売れるかどうかという卑近な視点からではなく、時代はどう変わるか、そのなかで自社のはたすべき役割は何かなど、俯瞰《ふかん》的な視点で目標達成への道筋を決めていきます。

短絡的ではなく、中長期的な視点から導き出しているので、多少の紆余曲折があっても最終的に目標は必ず達成されるはずだと確信を持つことができます。その点では非常に楽観的です。

ただ、実際に実行するときは、おおざっぱではなく、むしろ緻密です。

足元の小さなところから一つずつていねいに積み上げていくレンガ職人のように、堅実で隙のない仕事の進め方をします。小さなリスクも放置せず、これでもかというくらい徹底してリスクをつぶします。

まるで二重人格ですが、優れたリーダーはこの二面性を兼ね備えているのです。

29

チームのやる気を引き出す「質問力」

リーダーの重要な仕事は、メンバーのモチベーションを高めて、最高のパフォーマンスを発揮させることです。

いかにして、みんなのやる気を引き出し、達成感や連帯感を生み出していくか。

それがリーダーシップの本質であり、人を導く醍醐味でもあります。

私は前に、立場や地位に関係なく誰でもリーダーになり得ると言いました。

弊社にも、つねに明るく、みんなを元気づけ、チームワークの要となっている女性がいます。

大阪支店で支店長代理をしている三〇代の課長です。彼女は気配りの天才で、お客さまにも社内の人間にも非常に慕われています。

また、彼女はコミュニケーション能力に長けており、誰とでも打ち解けて話ができます。生来もった明るさもあると思いますが、彼女とほかの社員とのやりとりを聞いていて、ぁることに気づきました。

彼女のコミュニケーションの中心は、自分が話すよりも質問を投げかけ、相手に話させることにありました。

それも、突きつけるような質問ではなく、「仕事は順調？」「何か困っていることはない？」などと、質問されたほうがつねに癒される会話や質問で、人の心を開かせるやさしさがあります。

彼女はリーダーシップなどと考えずに、ごく自然にふるまっているのでしょうが、相手にしてみれば自分の仕事ぶりに注目してくれ、応援してくれたら、やる気もわいてくるに違いありません。「よし、また頑張ろう」と、勇気ももらえるでしょう。

外国人とのコミュニケーションも抜群で、大阪支店を訪問した海外パートナーの何人もが、彼女の英語力に感動して、大阪支店長にどうかと、強く推薦してもらったことがあるくらいです。

彼女のような姿勢で仕事をする人こそ真のリーダーです。いずれ、間違いなく全社のリーダーの一人になる人財でしょう。

このように、リーダーに限らずとも、相手に関心を持つことがコミュニケーションのファーストステップです。

同じチームのメンバーに無関心では、信頼関係は築けません。信頼関係がなければ一体感は高まらず、成果を生み出すチームになることはむずかしいでしょう。

信頼関係は、上司と部下だけでなく、横のつながりにも欠かせません。リーダーをめざすのであれば、日頃から同僚との関係にも配慮し、積極的に関心を示すことを心がけてください。

相手への関心を示すのに、いちばん手軽で効果的なのは、弊社の女性のように質問をすることです。

ただし、質問といっても、「どんな仕事をしているんですか?」などと白紙状態から質問するのはよくありません。それでは、普段から相手に何の関心もないということを白状しているようなものです。

声をかけるなら、

「あのお客さまは気むずかしいらしいですね。何か問題はありませんか？」

「〇〇社さんから評価されたそうですね。引き続き、順調ですか？」

というように、具体的な質問にすべきです。

ここまで突っ込んだ質問をするためには、事前に情報収集が必要になります。その情報収集に厚みがあるほど、相手は「あの人は自分のことをよく見てくれている」と受け止め、信頼感を持つようになるのです。

その意味では、コミュニケーション力とは「質問力」といえるでしょう。

メンバー一人ひとりに関心を持ち、いかに深い質問ができるか。そして、信頼関係を築けるか。

それがリーダーに求められるコミュニケーション力なのです。

30

「SOFT」ある職場づくりを意識する

リーダーは、メンバーに働きやすい職場を提供する義務があります。

ただ、働きやすい職場は一人の仕切りでできるものではなく、職場のスタッフ全員の意識でつくっていくものです。

リーダーに求められているのは、どのような職場が理想的なのかというビジョンづくりです。それを明確に示してこそ、メンバーも協力しやすくなります。

日本レーザーの場合、理想的な職場のイメージは「SOFT」に集約されます。

これは他人と一緒に働くときの行動規範として私がまとめた「SPEED」「SIMPLE」「OPEN」「OPPORTUNITY」「FAIR」「FLEXIBILITY」「T

ＲＡＮＳＰＡＲＥＮＣＹ」「ＴＥＡＭＷＯＲＫ」の頭文字をつないだ造語です。

社内、社外に限らず「ＳＯＦＴ」があふれる場所は魅力的であり、大勢の人が自然に集まってきます。簡単に一つずつ説明していきましょう。

・ＳＰＥＥＤ／スピード

働きやすい職場にはスピード感があります。たとえば何か仕事が発生したときに、誰が手をあげるのかと腹の探り合いをするのではなく、気づいた人がパッと手をあげる。個人レベルでも、先送りにせずに即座に反応する。いわゆる打てば響く状態の職場です。

・ＳＩＭＰＬＥ／シンプル

組織は規模が大きくなるほど細かなルールが増えます。もちろん一定のルールは必要ですが、管理のための管理は社員の足かせになり、自主性を奪ったり業務スピードを鈍らせます。組織の構成やルールの類は、シンプルであることが原則。内容はもちろん、数もできるだけ絞ったほうがいいでしょう。

ゴールデンナンバーは「三」です。ルールなら三箇条に絞るべきです。

また、上司への報告も要点を三つに要約して、部下への指示も三つに絞る。それ以上になると、覚え切れなかったり、意識が分散してよい結果につながりません。

・OPEN／オープンマインド

日本の会社の多くは閉鎖的・排他的です。それが結束の固さにつながる面もありますが、価値観が多様化している現代においては、閉鎖性が職場を硬直化させ、風通しの悪い環境にさせてしまいます。異質な人、立場の違う人を積極的に受け入れる職場では、新しいスタッフだけでなく、既存のスタッフものびのびと働けるはずです。

・OPPORTUNITY／機会平等

実力主義の職場でもっとも重要なのは機会平等です。成果に応じて処遇に差をつけるとしても、「あの人にはいつもいい仕事が回される」「自分は女性だから、いい仕事を任されない」という状況になってしまったら、本当の意味で実力主義とはいえません。

リーダーはオポチュニティを全員に与えて、メンバーも機会を活かすための努力を惜しまない。それが理想の関係です。

・FAIR／公正

公正さも実力主義と関係しています。働きやすい職場は、人事の評価基準が明確で、事前にみんなに示されています。基準が隠されていたり、誰かの気分次第で基準がブレたりすると、公正さが失われて実力主義は機能しなくなります。

社員の国籍、学歴、経歴が多様化し、女性、身障者、シニアといったダイバーシティに富む弊社では、社員をいかに公正に扱うかがモチベーション向上のうえで重要です。

逆に結果の公平を求めてはいけません。機会を公平に与えることは重要ですが、結果を公平に評価する、つまり評価を横並びにすると、頑張って成果を出した人の不満がたまって職場の空気が悪くなります。リーダーは、公平ではなく公正さにこだわるべきです。

・FLEXIBILITY／柔軟性

ビジネスには想定外の事態がつきものです。そのときに前例主義で判断をすると、本質を見誤ります。

弊社には中国人女性の社員がいます。あるとき彼女がご主人の転勤で上海に帰ることになりました。通常なら退職です。

しかし、本人は仕事を続けることを希望していました。そこで特別に、インターネットと電話を使って上海でＳＯＨＯスタイルで一年間勤務してもらうことにしました。給与も日本で支給していたものを継続して支給しました。

実際にやってみると仕事に支障はなく、まわりからもとくに不満はでませんでした。その後、再度来日して二〇一二年に日本に帰化し、いまでは課長として大活躍しています。

前例がないからと硬直的に考えていたら、弊社の職場に新しい勤務形態が加わることもなかったでしょうし、優秀な人財を確保し続けることもできなかったでしょう。新しいことは、つねに柔軟な姿勢から生まれるのです。

・TRANSPARENCY／透明性

弊社では、財務諸表を公開して社員に毎月渡しています。

それだけでなく、全社、営業グループ別、個人別の受注計画の進捗状況まで社員に公開しています。自分たちが頑張った結果が、経営にどのように反映されているのか。そこを包み隠さず見せることで、労使の関係も風通しがよくなります。

・TEAMWORK／協調性

いい職場は、一人ひとりが「自分はチームで仕事をしている」という意識を持っています。

チームワークを高めるため弊社では、社員旅行、パーティー、歓送迎会、海外パートナーとの懇親会、事業計画発表会などのイベントも積極的に行っています。

こうした場に、パートさん、派遣社員、契約顧問、ビルの清掃をしてくれる方々などにも参加していただき、会社にかかわるすべての人たちと親睦を深める場を持つことで、仕事でもチームワークが生まれています。

みなさんの会社、部署のチームワークはどうですか？

個人主義で誰がどんな仕事をしているかもわからず、誰かが困っていても我知らずという雰囲気がある……。もし、そんな気配が職場に漂っていたら、まずあなたが率先して、チームメンバーに挨拶をすることから始めてみてください。

「おはようございます」「おかえりなさい」「おつかれさまです」

それをきっかけに会話が生まれ、仲間意識が育ってくるはずです。

チームワークを育てるのは一朝一夕にはいきませんが、気づいたあなたから始めることが大切です。

31

モノで自信をつけるな。仕事で自信をつけなさい

あるとき、安月給でヨレヨレのスーツに身を包んだ若手社員が、高級時計をつけていました。不自然さを感じて理由を尋ねると、次のような答えが返ってきました。

「いいモノは長持ちします。それに、高級なものを身につけていると一目置かれることが多く、自信につながります」

あなたはどう思いますか？

一般的には、仕事で結果を出してまわりに評価され、それなりに収入が追いついてきてから、収入やポストにふさわしいものを手に入れるでしょう。自分が成長しているので、高価なものを身につけても浮いたりしません。

しかし、彼の場合はアプローチが逆です。明らかに高価なものに自分の成長が追いついていないので、モノがおかしな目立ち方をします。要するに分不相応なのです。

そうした若い人を見かけると、残念な気持ちになります。

モノはモノでしかありません。持ち主の価値を高めたりはしません。

当然のことですが、人間の価値というのは、その人の中身によって決まるのです。

自信のなさを、モノで補おうということなのでしょうが、あえて厳しい言葉で伝えます。

「モノで自信をつけるな。仕事で自信をつけなさい」

モノに頼った自信はもろいものです。たとえ五〇万円のモノで自信をつけたとしても、二〇〇万円の時計をした人が現れたら、自分の存在など霞んでしまう。その程度です。

しかし、仕事の経験を通して得た自信は簡単に崩れたりしません。仕事で味わった苦しみや成し遂げたときの達成感は、ほかの人と比べようもありません。自分にとっての宝物であり、ちょっとやそっとで揺らいだりしないのです。

私自身、こうした考え方でやってきたので、モノで威厳を示すというやり方にいまだになじめません。

社長に就任したあとで、日本レーザーの初代社長（故人）の奥さまにご挨拶にうかがったときの話です。私が一人でうかがうと、奥さまは「運転手は？」と不思議がっていらっしゃいました。昔は弊社のような中小企業でも、社長は社用車のクラウンに乗り、専用の運転手が運転するというスタイルが少なくありませんでした。

当時はどの企業も業績が右肩上がりでしたから、それでもよかったのでしょう。

しかし、いまはモノで見栄を張る時代ではありません。何よりも実質が大事です。

ちなみに日本レーザーには社長室はありません。

社長の机はほかと区別していますが、個室ではなく、社員と同じフロアに普通に並んでいます。社長だからといって、特別な環境で仕事をする必要はない。内密に進めなければいけないデリケートな問題は、会議室で個別にミーティングすればいいのです。

モノで自社を大きく見せようという会社は、頼りないものです。個人が仕事で自信をつけるように、会社も業績で自信をつけるのが本来の姿ではないでしょうか。

これからリーダーになろうという人も、モノに頼らずに自分自身や自分のチームを磨くべきでしょう。中身が成長すれば、あわてなくても自然に威厳が備わります。まずは実質を高めることに心血を注いでください。

32
優れたリーダーは危機をどう乗り越えるか

リーダーの力がもっとも必要とされるのは、危機に直面したときです。

もちろん平時でも、リーダーは組織の力を最大限に引き出すために汗を流すものです。

ただ、極論すると、平時はマネージャータイプの人がいれば事足ります。想定範囲内のことはマネージャーのほうが得意なくらいで、現状維持はできるでしょう。

リーダーが活躍するのは、状況が変化して、前と同じことが通用しなくなったときです。

そのときに備えて、リーダーは普段から「危機管理能力」を磨いておかないといけません。

では、リーダーが身につけておくべき危機管理能力とは何か。

私が意識しているのは、次の五つです。順に説明していきましょう。

一、情報のキャッチと伝達を素早く行う

状況の変化には、震災のようにある日突然起きるものと、ユーロ危機のように静かに進行しつつ急に危機化するものがあります。前者と思われているものも、たいていは後者のケースであることが多く、何らかの予兆があります。

危機管理の半分は、その予兆をつかんで事前に対策を用意することです。

ただ、悪い情報は聞かないふりをしたくなるのが人間の心理です。リーダー自身、組織やチームに都合の悪い情報を聞かなかったことにして対策を怠ったり、悪い情報が上がらない状況をそのまま放置してしまったりしがちです。

よい情報よりも、悪い情報にアンテナを向けましょう。どんなバッドニュースでも「事前にわかってよかった」と考える。このスタンスで情報収集に当たるべきです。

二、どんな状況にも臨機応変に対応する

これも危機管理の要諦です。

想定の範囲内の状況変化ならばマニュアルどおりに対処すべきですが、そうでなければマニュアルを超えたところで対応しなくてはいけません。

ただ、マニュアルどおりでいいかどうかの判断を現場に委ねるのはむずかしい一面もあります。現場はできるだけ自分の責任を回避しようとするので、基本的にはマニュアル重視で対応します。そのとき「いまは緊急事態だ。マニュアルを無視して対応しろ」と言えるのは、リーダーだけです。

リーダーには、マニュアルだけに頼らない柔軟さと、いざというときに的確に決断する「英断力」が必要なのです。

三、事実は何か、真実は何かと追求する

情報収集力と関係しますが、リーダーには、世の中にあふれる、もっともらしい情報を疑う慎重さが求められます。

たとえば「A社が業績不振に陥り、リストラを発表」というニュースを聞くと、「不況だから仕方がないか」と納得する人が多いでしょう。しかし、本当は多額の内部留保があってリストラの必要はないのに、業績不振を口実にしてリストラをしているだけかもしれません。

「業績不振→リストラ」というような定型的な思考パターンは、物事をシンプルに整理す

るときに便利ですが、半面、大事な情報を見逃してしまう恐れがあります。どんな情報も鵜呑みにせず、吟味する習慣が大切です。

四、全体を把握して、誰にでもわかる言葉で話す

危機の発生時には、デマや希望的観測も含めてさまざまな情報が飛び交います。

そうした断片的な情報に反応して判断材料にするのは危険です。

危機は巨大なゾウのようなもので、ハナを触った人としっぽを触った人では、頭の中に思い描く動物がまったく違います。細長いしっぽを触っただけの人の言うことを鵜呑みにして、「これは大きな動物ではない。大丈夫だ」と判断すると命とりになります。

リーダーには、断片的な情報を統合・整理して危機の全体像をつかむ力が求められます。そのうえで的確な判断をすることが重要なのです。

また危機対応の指示は、組織やチームの全員にわかる言葉で伝えることが大切です。当事者にしかわからない言葉や専門用語を使って話すと、理解度に温度差が生まれて混乱をきたします。そのための表現力も磨いておきたいところです。

五、危機のときこそ努めて明るく話す

二〇一一年のワールドカップで見事優勝をはたした、女子サッカーのなでしこＪＡＰＡＮ。私もテレビにかじりついて観ていましたが、アメリカとの決勝戦で、「佐々木監督はなかなかの名将だ」と恐れ入ったシーンがありました。

決勝戦は延長でも決着がつかず、ＰＫ戦に。普通なら緊張感漂う場面ですが、佐々木監督はニコニコ顔で選手と話していました。

じつは、これは危機管理において非常に大事なことです。

危機に直面して落ち着きがなかったり、悲壮感を漂わせているリーダーには、誰もついていきません。それどころか、チームを不安にさせるだけでしょう。

不謹慎と言われようが、ニコニコと笑っているくらいがちょうどいいのです。

なでしこＪＡＰＡＮの選手たちも、佐々木監督がいつもと変わらぬ笑顔でいてくれたことで安心し、リラックスしてＰＫに臨めたのだと思います。

自戒も込めて、「リーダーは危機のときこそ笑顔を忘れずに」。

33 修羅場の経験が次代のリーダーを生む

前項で解説した五つの危機管理能力を伸ばすのに最適な方法があります。

それは、修羅場を経験することです。実際に危機的状況をくぐり抜けることに勝るトレーニングはありません。

私自身を振り返っても、危機に対応する力を育ててくれたのは数々の修羅場でした。

労働組合委員長をしていた頃は、労組間の対立や会社の合理化で、十分に睡眠をとれないことが長く続きました。

アメリカに赴任後は、英語で相手の言い分を聞くことはできても、英語で相手に言い返すことができず、ストレスから二度も胃潰瘍になりました。このときは、若いうちに海外赴任をしておけばよかったと思ったものです。

しかし、最大の修羅場は、社員の雇用を守れるかどうかという、企業再建の取り組みです。日本レーザーの再建を任される前、過去三回の企業再建を経験しましたが、最高責任者である社長として取り組むことは別格です。利害関係の対立や人間関係の愛憎が入り交じるなかで、自分の信ずる道を歩んでいくには、精神的なタフさが要求されます。

普通のサラリーマンが社長になったのも、修羅場経験の積み重ねの結果です。そうした経験は自ら招いたものもあれば、めぐりあわせで向こうからやってきたものもあります。

残念ながら数年前に病気でリタイアした後継社長候補は、三〇代でアメリカの有力商権を失ったときに、初代の社長から代替メーカーを探し出すまで帰国するなとの指示を受け、二カ月間、アメリカを飛び回っていたことがありました。

矢折れ、刀尽きての帰国でしたが、彼は「この修羅場のおかげで大きく成長できた」と言っていました。

このように、修羅場の経験は、次代のリーダーを育てることにもつながるのです。

中小企業を経営することは、財務、人事、技術、生産、営業等経営のすべての面にわたってかかわることになります。そのため、関係会社や子会社での総合経営の経験を経て、大手企業トップに就任し、成功した経営者が増えてきています。

私の後継者も、人事の軋轢《あつれき》やお金で苦労するという修羅場を経験したほうが望ましいかもしれませんが、修羅場は故意につくれませんから実際にはむずかしいことです。

そこで後継者選びの基準は、公平な舞台で、公平な条件で競争し、実績をあげることだと考えています。いわば、競争に勝ち残った者が次代のリーダーになっていくわけです。

何が公平な舞台で、何が公平な基準かは、それぞれの企業によって変わってきます。

営業が基本の当社では、自分のチームや担当する事業の粗利、受注の実績がものをいいますが、海外のパートナーや国内のお客さまなどの「応援団」からの信頼、支持も大きな要素になります。

まずは全社の事業計画があり、次に各事業、各部、各チーム、そして個人個人にいたるまで目標があり、経過や結果の数字が全社員に公表され、競い合うしくみになっています。

こうした透明性の高い経営を実践することで、おのずから衆目の一致するリーダーが絞られてきます。大切なことは、公平性や透明性が担保されていて、誰もがチャレンジするとともに、全員が連帯感や一体感を持ってワクワクと働ける風土です。

第6章

仕事と人生でいちばん大切なこと

34

「何の仕事をするか」より「どう働くか」

ずいぶん昔のことですが、就職活動をしていた大学生から次のような相談を受けたことがあります。

「好きなことを仕事にしたいのですが、まだそれが見つからないので、自分探しの旅に出ようと思っているんです……」

たしかに好きなことを仕事にできれば理想的です。しかし、現実には好きなことを仕事にできる人は限られています。ほとんどの人は、嫌いな仕事とまではいわなくても、何らかの妥協をしつつ働いています。

そこまでして働く意味があるのだろうか、と若い人は考えるのかもしれません。

現役世代の親に養ってもらえる人も多いでしょう。とりあえず就職しなくても、アルバイトで食いつないでいける程度に日本は裕福です。そう考えると、たしかに妥協して働くことがバカらしく見えるのかもしれません。

しかし、そんな生き方で本当に幸せになれるのでしょうか。

私は人が幸せになるためには四つの条件があると考えています。

一つは「人から愛されること」です。

愛のない人生はむなしいものです。愛とは恋愛だけに限りません。親子や兄弟の愛や、親しい友人との関係など、人間同士の絆を強くたしかめられたとき、人は幸せを感じます。

二つめは、「社会から必要とされること」です。

いてもいなくても同じで、誰からも存在を求められていない状態は孤独です。人が自分の人生に絶望を抱くのは、「自分は誰からも必要とされていないのだ」と感じてしまったときでしょう。

ただ、必要とされるだけでは足りません。社会から求められたことに対して、自分が「社会に貢献すること」ができると、さらに幸福感が高まります。これが三つめです。

さらにその結果として、「社会から感謝されること」になると、幸せはピークに達します。これが最後の四つめの条件です。

このうち後半の三つは、仕事を通して実現させることができます。社会からニーズがあるところに仕事は発生します。それに対して労働で貢献して、感謝の気持ちをお金という形でいただく。これが仕事の本質です。

ほかに寄付やボランティア活動で三つの条件を実現させることも可能ですが、普通の人が慈善活動を生活のベースにするのは一般的ではありません。となると、やはり働くことが何より幸せに近づく道になる。私はそう思います。

このような人生観を持つと、「好きなことを仕事にする」ことにこだわらなくなります。たとえ自分が好きなことでも、それが社会から求められていなかったり、自分の力不足で貢献できなければ、社会の役に立っているという実感が持てず、幸せにつながることもありません。

好きなことをしていれば「楽しい」という感覚はあるかもしれませんが、それは幸福感で満たされるのとまた違う感覚です。

ひたすら遊びに没頭して楽しい時間を過ごしたあと、ふとむなしさを感じた経験は誰にでもあると思います。むなしさを感じるのは、やはり楽しさと幸福感が別の感情だからです。

大切なのは「何を仕事にするか」ではありません。極論すると、職種や業種は何でもいい。目の前にある仕事を一生懸命やることが幸せにつながるのです。「何の仕事をするか」より、「どのように働くか」のほうがずっと大事な問題です。

もちろん選べる範囲で、好きな仕事、自分に向いた仕事を探すこと自体に異論はありません。労働者として当然の権利です。

しかし、好きな仕事に就けないから働かないという選択肢は、自分を幸せから遠ざけるだけです。まずは選り好みせず働くことを優先して、「どのように働くか」に焦点を当てて考えてみてほしいと思います。

ちなみに冒頭に紹介した若者は、就職をせずに自分探しの旅に出かけました。

しかし、その旅では自分を見つけることができませんでした。履歴書に空白期間があったため、帰国後は思うように就職できず、長い間、派遣社員として生活していました。そこでスキルを磨いて資格を取り、つい最近、正社員になりました。正社員として採用されたのは、大学を出てから十数年後のこと。ずいぶん遠回りをしたものです。

それでも彼は、「もともと望んでいた仕事ではありませんでしたが、いまとても充実しています」と語ってくれました。

彼は、働くこと、仕事の本質に気づいたのです。私はそんな彼を誇らしく思いました。

結局、自分という存在は、外の世界で発見するものではなく、仕事を通して社会と接しながらつくり上げていくしかないのです。そう考えると、目の前の平凡に思える仕事にも前向きに取り組めるのではないでしょうか。

35

幸せになる道はない。幸せとは道そのものである

尊敬する人は？　と聞かれたら、祖母の日吉貞を外すことはできません。

私の祖父は製鉄所で技師長をしていましたが、スペイン風邪で若くして亡くなりました。祖母は当時二八歳。私の母を含む二人の子どもを育てるため、自分で事業を始め、戦前には銀座で大きな飲食店を切り盛りするほどになっていたそうです。

私は中学生の頃から祖母の家に寄宿して学校に通っていました。祖母が苦労して母を育てた話は知っていましたが、祖母は一度もそれを苦労話として語ることはありませんでした。

「毎日が戦争のようなものだから、苦労を感じているひまなんてなかったわよ」

そうあっけらかんと話す祖母を見て、幼心に「前向きな人だから成功するのか」となん

となく納得した記憶があります。

祖母のすごさはそこにとどまりません。

祖母は戦争で店が焼けたあと、事業から手を引きました。しかし、世界連邦運動などに従事し、財団法人世界平和協会の理事として八〇歳で初めて海外に行き、時のローマ教皇にも拝謁《はいえつ》しました。その後も桜の植樹活動でパリやニューヨークを訪れるなど、九四歳で亡くなるまで、精力的に活動を展開しました。生涯現役とは、祖母のような人のことをいうのでしょう。

祖母の生き方は、私の理想です。

いつかは仕事の第一線を退くときがくるのかもしれませんが、そこで人生が終わるわけではありません。

幸せとは、社会に求められ、社会に貢献し、社会に感謝されること。祖母のように亡くなる直前まで社会と接点を持ち続けられた人は、本当に幸せだったと思います。

ボストンにいたとき、ある牧師さんから次の言葉を教えてもらいました。

「There is no way to happiness, happiness is the way.」

（幸せになる手段とか道といったものはない。幸せは、そうなりたいと努力する過程にある）

もう少しかみ砕くと、「幸せになる方法はない。幸せになろうと努力することが幸せなのだ」という意味です。

この言葉を初めて知ったとき、私は祖母の生きざまを思わずにいられませんでした。

祖母は人生のゴールを決めずに、自分にできることはすべてやり切ろうと、死ぬまでベストを尽くし続けました。早くに夫を亡くし、二人の子どもを育て上げることに精一杯で、自分自身の人生を生きられたのは、子どもたちが独立してからのことだったのかもしれません。

しかし、祖母は死ぬ間際まで本当にイキイキとしていました。

何かを成し遂げることより、成し遂げようと努力することに価値がある。

まさしく祖母は、そうした生き方を選んできたのです。

祖母の生きざまとリンクしたこともあり、この牧師さんの言葉はもっとも好きな言葉の一つになりました。

私は定年を迎える社員に、いつもこの言葉を贈っています。

日本レーザーは高齢者雇用にも積極的で、希望者は定年六〇歳後も再雇用し、七〇歳まで働くことができます。定年を機に会社を辞めて第二の人生を歩むのもいいですし、弊社の仕事を通して社会貢献を続けるもいい。どちらにしても、幸せに至る道を歩み続けることに価値があると伝えたいのです。


「There is no way to happiness, happiness is the way.」

この言葉の持つ意味は、年齢に関係なく誰にでも当てはまります。

まわりと比べて、自分は幸せでない気がすることがあるかもしれません。

しかし幸せとは、ある一時点の結果によって決まるものではありません。どのような状況にあっても、あきらめたり悲観におぼれたりするのではなく、幸せであろうと前向きに努力を続けられるかどうか。

そこで本当の意味での幸せが決まるのです。

あなたはどんな生き方を選びますか？

36

スランプに陥ったら、まず生活を立て直しなさい

仕事をしていると、行き詰まりを感じるときがあるでしょう。精一杯努力をしているのに結果が出ない、注意しているのにつまらないミスが続く、競争相手に負ける……。

こうした苦い経験は、誰しも一度や二度は、あるでしょう。

私自身も、四十数年の仕事人生のなかで、何度か「何をやってもうまくいかない」という時期を経験しました。

三〇代の頃のことです。

労使関係民主化の戦いに続いて、リストラや企業再建の取り組みなどで夜も眠られず、体調もいまいちという時期が続いたことがありました。いわゆるスランプです。

いつも暗い表情をしている私を見て、知人が「気分転換にどうかしら」とすすめてくれたのが、「断食」でした。

断食と聞いて、最初は半信半疑でした。本当にそんなことで何かが変わるのだろうかと思ったのです。

泊まり込みでしなければならないようでは仕事に支障が出るので無理ですが、すすめてもらった断食プログラムは日常生活を送りながらできるといいます。それを聞き、停滞する自分をなんとかしたいという気持ちが強かった私は、思い切って試してみることにしました。

断食期間は一週間です。まず準備期間の一週間で食事量を少しずつ減らし、胃を小さくしておいてから、水だけの生活に入り、それからまたリンゴをすりおろしたものから始めて、少しずつ食事を戻していくというプログラムでした。

日常生活をしながら断食できるという触れ込みでしたが、正直、断食期間中はつらかったですね。二日めくらいからまともに力が出なくなり、駅の階段をのぼるのも苦痛でした。ところが、意識を変えて、別に食べなくても大丈夫だと思うと、重い足が軽くなりました。それを過ぎるとランナーズハイに近い状態になって、逆に力がみなぎってきました。じつに不思議なものです。

結果的に、この断食は大成功でした。

まず体の中に蓄積していた不要なものがすべて外に排出されて、体調がよくなりました。さらに精神にたまった垢のようなものもいっしょに排出されたような気がしました。爽快な気分になり、小さなことで悩まなくなりました。

やるべきことをやっているのに結果が出ないときには、こうした方法でリフレッシュするのもいいのでしょう。

面白いもので、体が変われば思考も変わり、物事も好転しやすくなります。

ただし、断食はやり方を間違えると健康被害を起こします。事前に正しい方法をしっかり調べ、無理のない方法で実践してください。

最近は健康やダイエット目的で断食をする人も増えており、そのぶん情報もたくさん出回っています。週末だけ断食を行うやり方や、一食のみ抜く方法など、働きながら無理なく始められる「プチ断食」と呼ばれる方法もありますから、やってみたいという人は調べてみるとよいでしょう。

37

あなたの心を整えてくれる四つの言葉

断食を指導してくれた先生に、「断食中、できるだけこの言葉を使いなさい」と言われた四つの言葉があります。

「ありがとうございます」
「ごめんなさい」
「これでよろしいですか」
「どうぞよろしくお願いします」

念仏のようにこれらの言葉を唱えていたら、断食と同時に心も洗われるというのです。私はどちらかというと合理的に物事を考えるタイプで、「念ずれば救われる」という考え方は性に合いません。断食の先生に言われたことも素直に受け入れられませんでしたが、自分なりにこう解釈してみました。

まず「ありがとうございます」は、自分の運命、あるいはご縁に感謝するという意味でしょう。以前にも書きましたが、まわりへの感謝の気持ちがあるからこそ、またご縁がめぐってくるのです。

「ごめんなさい」は、自分の思い上がりに対しての懺悔です。

人は物事がうまくいくと自分の手柄だと勘違いしがちです。しかし、本当はまわりのご縁によってうまくいくように導かれただけなのです。そのことに自ら気づいたとき、誰に言わなくてもいい。心の中で、自分のなかの思い上がりや傲慢を恥じ、「ごめんなさい」という気持ちを持つことが大事です。そして、気持ちを切り替え、謙虚さと感謝を忘れずに目の前の仕事に向き合えばいいのです。

「これでよろしいでしょうか」は、戒律を守ってまっとうに生きようという意思です。宗教では、やってはいけないことを「戒」、やるべきことを「律」、あわせて「戒律」といいます。ルールは依《よ》って立つ社会によって変わりますが、人はその社会の中で生きる以上、ルールを無視することができません。むしろ尊重して生きるべきです。

最後の「どうぞよろしくお願いします」は、仏教でいうところの「帰命《きみょう》」でしょう。つまり、やるべきことをやり尽くしたなら、最後は運命に委ねるしかないという潔い態度です。

このように考えてみると、四つの言葉は宗教と密接につながっています。

私は特定の信仰を持ちませんが、人知を超えた超越的な存在、「宇宙のルール」とか「宇宙の根本原理」などという英語で言うところの「サムシンググレイト」と呼ばれる存在がこの世にはたしかにあるだろうと考えています。

宗教家は、それを神や仏と言ったり、科学者は自然の法則と言ったりします。いずれにしても、自分たちの力がおよばない何かがあることは間違いないでしょう。

断食の先生がすすめる四つの言葉は、サムシンググレイトとつながるための言葉なのだと理解しました。

断食は非日常の行為ですから、断食期間中はいつもより感性が高まって、超越的な存在をリアルに感じやすくなります。おそらくそういう意図で、先の四つの言葉を教えてくれたのでしょう。そのことに気づいてから、私は普段からこれらの言葉を意識して口にするようにしています。

人は、一人では生きていけない小さな存在です。

ところが、普段はそのことを忘れて、自分だけで生きているような気になってしまう。それは錯覚にすぎず、独りよがりな生き方ではビジネスでも成功しないことは、これまで再三お話ししたとおりです。

私たちは自分で生きているのではなく、社会によって支えられて生きています。誤解を恐れずに踏み込んで言うと、サムシンググレイトによって生かされていると言ってもいいでしょう。

サムシンググレイトとは何かということは、各人が心の中で向き合えばいいと思います。大切なのは、自分はさまざまな存在の支えによって生きているのだということを忘れないことです。

「ありがとうございます」

「ごめんなさい」
「これでよろしいですか」
「どうぞよろしくお願いします」

この四つの言葉を、みなさんも大切にしていただきたいと思います。

仕事がうまくいかず行き詰まりを感じているとき、これらの言葉を思い出し、折に触れて口に出してみてください。

反対に、うまくいっているときにも思い出してください。順風満帆なとき、人は天狗になったり、おごった気持ちになりがちです。そんなときこそ、これらの言葉を口に出し、自分をいさめるのです。

私は人生において、本書で紹介してきたようないくつかの言葉に支えられてきましたが、日常的に当たり前に発するこの四つの言葉は、その意味を知り、意識して使っていくうちに、感謝や謙虚さが自然と湧いてきて、心が整ってくるのを感じます。

何気ない言葉のなかにある深い意味を、かみしめてみてください。

38 運は信じても、頼ってはいけない

第3章の最後に、「感謝の気持ちが幸運を呼び込む」と書きました。

私はいままでの人生を振り返り、自分自身の経験から、また、出会った人たちの生き方から、運を引き寄せる方法はほかにもあると感じています。

「この人はいつもツイてるな」と思う人を観察してみると、いくつかの共通点に気づきます。運がよくなったから特定の言動をするようになったのか、それともツキを呼び込む言動をしていたから本当に運を呼び込めたのか、私にはわかりません。

しかし、運と言動に強い相関があることは間違いありません。これまでの経験から、そのことは確信しています。

私なりの推論を交えつつ、具体的にその方法を紹介していきましょう。

一、いつも大きな声で明るく挨拶する

運のいい人はみな明るく、ハキハキと話します。挨拶も目礼だけで終わりにせず、「おはようございます」「こんにちは」と生命力にあふれた挨拶をします。

人は、エネルギッシュな人のもとに自然に集まります。結果として、そこで人のつながりが生まれ、チャンスが増えていきます。

二、つねにポジティブな言葉で話す

ネガティブな言葉を使うと、その言葉は必ず自分に跳ね返ってきます。

「つまらない」「疲れた」「どうせできない」「もう嫌だ」「仕方がない」

書き連ねるだけで気が滅入ってくるくらいですから、普段からこういう言葉を発している人は、マインドもネガティブです。

ネガティブ思考は、挑戦する意欲を低下させ、何をするにも無難な選択するようになってしまいます。無難な選択=リスクのない選択はリターンも期待できず、成功からは縁遠くなるでしょう。

ネガティブな言葉が口をついて出そうになったら、カラ元気でも「楽しい」「元気だ」「自分ならできる」と言い換えてみてください。

言葉は「言霊《ことだま》」といわれるように、口にした言葉が現実に影響を与えると考えられています。ネガティブな言葉を使えば、ネガティブな状況をつくってしまいますし、ポジティブな言葉を心がけていれば、よいことが起きるようになる。

私も普段から発する言葉には気をつけていますが、強運の持ち主と話していると、みな前向きな言葉しか使いません。ポジティブな明るさに、やはり幸運は集まるのではないでしょうか。

三、ワクワクした気持ちで仕事をしている

「ワクワク」の反対は「義務感」です。仕事には、半ば義務としてやらなくてはいけないものもありますが、イヤイヤ取り組んだ仕事はどうしてもクオリティが低くなり、まわりからの評価も得られないでしょう。

ワクワクは、予定調和の仕事から生まれません。退屈なルーティンワークも、自分なり

に目標を設定したり従来と違うアプローチを試すなどの工夫が必要です。いつもと変化をつけることで仕事を楽しめるようになれば、それにつられて人も集まってきます。

四、「自分は運がいい」と思い込んでいる

運のいい人は楽観的で、自分の運を信じています。実際にはツイていることばかりではないのですが、うまくいったときは、

「やっぱりツイてる」

と信じ、うまくいかなかったときも、

「本当ならもっとひどかった。この程度で済んでツイていた」

と考える。それくらい自分の運に信頼を寄せています。

幸運が空から降ってくるのだとしたら、自分は運がいいと思える人は、網を最大限に広げて待っているような状態です。

一方、自分の運を信じていない人は、網を閉じて下を向いているようなものです。せっかく幸運が降ってきても、それをつかまえることができません。

幸運を逃さず受け止めるためには、まず自分は運がいいと思い込むことが第一歩です。

自分の運を信じてこそ、幸運をキャッチする準備ができるのです。

五、運に頼らず最善を尽くす

幸運に恵まれる人は勤勉で、運に頼らずとも結果を出せるだけの実力を身につける努力を惜しみません。

先に述べた「運を信じる」と矛盾するようですが、「運に頼らない」と「運を信じる」とは両立します。

運のいい人は最初から神頼みはしません。「自分でやれることをやり尽くしてこそ、神さまは自分を認めて味方してくれる」と考えて、最善の努力を尽くすのです。

これまで日本人でただ一人、冬季オリンピックのアルペン競技でメダルを獲得した選手をご存知でしょうか。一九五六年、イタリアのコルチナ・ダンペッツォオリンピックの男子回転競技で銀メダルに輝いた猪谷《いがや》千春さんです。

猪谷さんはアメリカのダートマス大学に留学してスキーの技術を磨きました。同時に英語を学びたいと考えましたが、練習が忙しくて時間がありません。そこで床に単語帳を置き、腕立て伏せをしながら英語の勉強をしたそうです。まさに努力の人です。

猪谷さんが銀メダルに輝いた滑走はいまでもよく覚えています。

そのシーンはその後テレビで何度も観ましたが、当日は天候不良で視界が悪く、コースアウトする選手が続出していました。猪谷さんも苦戦し、二本めの滑走で足がポールに引っかかってしまったのです。もし旗門を通過していなければ失格で、私の目にはどちらとも判別がつきませんでした。

それぐらいきわどい滑走でしたが、天は努力した人を見捨てませんでした。猪谷さんは旗門を通過したと判定され、メダルを獲得したのです。

あと数センチずれていたら失格ですから、あのメダルは運が味方したといえなくもありません。ただ、猪谷さんの血のにじむような努力がなければ、運命の女神も微笑まなかった。私はそう思います。

運は信じても、それに頼らず全力を尽くす。

その姿勢が、結局は運を呼び込むのです。

39

志を同じくする同志を持て

私の人生は、自ら困難を引き受ける覚悟で生きてきたとはいえ、苦難の連続でした。労働組合のトップとして、激しい〝労使紛争〟ならぬ〝労労紛争〟を収め、アメリカ支社の閉鎖と大規模リストラを断行し、倒産寸前の当時子会社だった日本レーザーを本気で建て直すために、本社の取締役を退任し、自ら退路を断ち、背水の陣で臨んできました。「経営再建」と書いてみると、たったの四文字で終わってしまいますが、その日々はいま振り返っても過酷でした。何度も壁にぶつかり、胸のつぶれる思いも経験しました。

日本電子の経営再建のため、正社員の三分の一が「希望退職」という形で去りました。退職社員は労働組合も脱退するため、個人別闘争積立金の返還手続きをする必要があります。そのため、私はほぼ全員の退職者と面談をしました。みんな、少し前までは同じ労働組合の仲間として闘った人たちです。

大半の組合員が「会社の再建には若い力が必要だから頑張ってくださいね」と声をかけてくださり、三〇歳の私は救われる思いがしたものです。

しかし、一部の組合員には、

「いちばん長く組合費を払ってきた自分たち組合員がなぜ、雇用犠牲にならなければいけないのだ！」

と、たいへん激しい口調でぶつけられました。

このとき私は、雇用を守れなかった労働組合の責任を痛感するとともに、経営が安定していなければ、いくら労働組合が頑張っても、倒産（よくて会社更生法や民事再生法の適用）は避けられないのだと実感しました。

振り返ると、この頃が、もっとも精神的に苦しい時期だったように思います。

しかし、苦しいだけではありませんでした。

複数あった労働組合の中でも圧倒的な力を誇っていた左翼的労働組合と対抗して、私が率いる民主的労働組合が支配的になった背景には、志を同じくする同志組合員たちの地道な広報・宣伝活動と教育・組織活動があったのです。

彼らは毎晩夜中まで会社の門前で配布するビラを作成し、毎朝社員の出勤時間前に門前に立ち、ビラを配る活動を毎日続けてくれました。その努力のおかげで、我々民主的労働組合が主流派になれたのでした。

このときほど、「同志」の存在をありがたく、頼もしく思ったことはありません。

繰り返し言ってきたことですが、何かを成し遂げたいと強く願うならば、同じ想いを持つ仲間を一人でも多く増やすことです。

自分一人でできることは限られています。でも、一人が二人、二人が五人、一〇人と集まるうちに、その力は束となり、大きなパワーを発揮できるようになるのです。

「同志を持て」

これは、仕事においても、人生においても言えることです。

同志を得るには、相手から信頼されることが何より大切です。

組合員の仲間と信頼関係を築けたのは、委員長である私自身もみんなといっしょになって、深夜の一時、二時までビラを作成し、朝も門前に立ち、あるいはそれを配って歩いたことが大きかったと思います。

リーダーにとって「率先垂範」は最低限の条件ですが、これはみなさんが人から信頼を得るための大事なポイントです。

仲間から信頼されるためには、まず自分が率先して動くことです。


信頼を得るための要諦はもう一つあります。

相手の懐に飛び込むことです。

こちらも、私の経験から話しましょう。

アメリカのボストンに本社をおく米国法人に赴任したとき、経営理念やコミュニケーションのとり方など、アメリカ式のビジネスを教えてくれた二人の同志がいました。

アメリカ法人の最初の社長になったトム・ヒューバー（Tom Huber）と、そのあとの社長となったギャリー・コグスウェル（Gary Cogswell）です。

海外赴任の日本人を見ていると、言葉の問題から自分の部屋にこもり、本社と日本語で電話したりファックスでやりとりしていることが多いのですが、私のスタイルはまったく違うものでした。

アメリカ人の彼らと同じフロアで仕事をし、情報をシェアするというビジネススタイルを通したのです。これは、マネージャー以上は個室のオフィスを持つのが一般的なアメリカ企業では異例です。

しかし、どこで仕事をするにもメンバーと信頼関係を築くことが何より先決と考えている私にとって、仲間とコミュニケーションをとらずに仕事をするなんてあり得ません。新しいチームに配属されたら、まず自分からメンバーの懐に飛び込む。そうやって、できるだけ早くチームになじみ、信頼関係を深めるなかでお互いにパートナーシップが生まれ、情報共有や、いざというときの危機管理に役立つのです。

ボストンにおいても、私が同じフロアで仕事をし、日ごろから積極的にコミュニケーションを図っていたため、つねに社員の誰がどうなっているかの情報を共有できたことは大きかったと思います。後に、経営難に陥ってレイオフしなければならなくなったときも、日米幹部の連携がスムーズにいったのは、信頼関係というベースがあったからにほかなりません。

このように、志を同じくする同志を見つけ、彼らと信頼関係を築くことは、仕事のうえでも、人生においても、あなたに大きな果実をもたらしてくれるでしょう。

40 「信頼」こそ、人生の宝

人を信頼し、人から信頼されることがいかに大事か。そのことを教えてくれたのは、一〇代で競技スキーを始めたときに出会った一人の先生でした。

東京で生まれ、東京で育ち、中学生のときに初めてスキーを始めた私が、アルペンスキーの舞台で、東京都大会で何度も入賞したり、スキーの聖地、オーストリアのインスブルックのローカル大会で七位に入賞するなど、競技スキーをやってきたといえるキャリアを持てたのは、その先生とのご縁があったからです。

先生は、冬季国体の大回転競技、全日本スキー選手権大会での滑降競技の優勝者です。

そんなトップレベルの方の指導を受けられる幸運に恵まれ、私は先生のもとで自分のすべてを賭けて、学ばせていただこうと決意しました。

弟子になるということは、その師匠からすべてを学ぶ覚悟で、信じ切ることが大切です。師弟関係は、信頼が基本であり、すべてといってもいいかもしれません。どこまでも師を信頼し、どこまでもついていくことです。

私は何があっても先生を信じ、教えを守り抜きました。

自分が相手を信頼すると、その相手からも信頼されるようになるものです。私は弟子として先生の信頼を得ることができ、先生の計らいで、自分のレベルでは到底お会いできないトッププレーヤーといっしょに練習する機会に恵まれました。オリンピック銀メダリストの猪谷千春選手、その姪で、女性で全日本スキー選手権初の三冠王になった猪谷素子さん、プロスキープレーヤーの三浦雄一郎さんなどです。

先生は私に「一流の滑りだけを見なさい。評論家になってはいけない」と教えてくれました。

トップレベルの滑りを目に焼きつけ、自分もそのとおりに何度も真似てみる。スキーに限らず、すべての上達法はこれに尽きる。未熟で下手なものを見て批評しているだけでは、上達にはつながらないというのです。この教えは仕事にも通ずるところがあり、いまでも折に触れて思い返し、実践しています。これも、先生と信頼関係を築けたおかげです。

信頼を築くには、まず自分が相手を信じ切ること。それが信頼される人になる秘訣です。


もう一人、私に「信頼」とは何かを教えてくれた人がいます。

日本電子に入社し、最初に配属された電子顕微鏡部門の技術部長です。

部長は、東京教育大学（現筑波大学）出身の理学博士で、教職から民間企業に転出された方でした。仕事に対して非常に厳しい上司で、入社早々から、「海外にいたわりには英語ができないな」「三年計画で海外へ行かせるから、残業してでも早く仕事を覚えろ」「この英語はお粗末。専門用語をチェックしなかったのか！」など、毎日厳しく叱責されることの連続でした。

しかし、どんなに辛辣《しんらつ》に批判されても、腐ることはありませんでした。むしろ、もっと英語ができるようになりたい、もっと早く仕事を覚えたい、海外で活躍したいと燃えたものです。それは、厳しい言葉の裏に、私を成長させたいという部長の思いがあったからです。

ほかにも部長には仕事をするうえで大切なことをたくさん教えてもらったのですが、なかでも心に響いたのはこの言葉です。

「『同じて和さず』が世の中では多いが、『和して同ぜず』が大切だ」

当時、職場には私と対立する左翼的労働組合員も多く、ややもすると、敵対視してしまう私に対して、部長は、たとえ対立関係にある相手でも「和」をもって接することの大切さを教えてくれました。どんな相手とも協調することが大事であり、それは自分の主義主張を曲げて同調することとは違う――。このことに気づけたおかげで、その後、同じ職場のほかの労働組合の社員とも友好的に仕事を行うことができたのです。

私は厳しかったこの上司のことを心から尊敬し、信頼していました。

信頼関係とは、気の合う人や価値観の近い人とだけ築くものではありません。苦手な人や、緊張を強いられるような厳しい人との間にも信頼は必要です。

この上司のように、一見厳しくてつきあいにくそうな相手でも、その人の本意が建設的なものであれば、必ず共感できる部分を見出せるはずです。むしろ、打ち解けやすい相手よりも、むずかしい相手と信頼関係を構築することができたら、それは自分にとって大きなパワーを得ることになるでしょう。

たとえ、意見が対立したり、コミュニケーション不足でうまくいかないことがあっても、根底に信頼関係があれば、どうにかして関係を修復しようとします。「信頼している」という気持ちは、苦手意識を超えて、人の心を開かせるのです。

信頼は欲しいと思っても、簡単に手に入るものではありません。時間をかけて、相手を知り、自分のことを知ってもらうなかで築き上げていくものです。そして、いったんできた信頼関係でも、油断するとあっという間に崩れてしまいます。信頼関係を持ち続けるには、守り育てようという努力が欠かせません。

簡単には持てないし、簡単には保てない。だからこそ、尊いのです。

そうやって築いた信頼関係は、人生の宝です。

自分が苦しんでいるとき、答えが見出せずに悩んでいるとき、必ず誰かが手を差し伸べてくれます。私自身、これまでにたくさんの方に支えられ、いまがあります。それは、人生のなかで築き上げてきた多くの方との信頼関係のおかげです。

まわりの人との関係を大切にしてください。苦手な上司とも、好きになれない同僚や先輩とも、一歩踏み込んでつきあってみることです。時間をかけ、努力をして得た信頼は、あなたの人生の宝となり、いざというときにあなたを支えてくれるに違いありません。

おわりに

債務超過になり、取引銀行も見放した企業の再建を引き受けて一三年。

幸い弊社は、MEBOという手法で、社員も嘱託も、役員も全員が株主という、新しい会社として生まれ変わることができました。

これまでの努力と実績が評価され、二〇一一年、日本レーザーは第一回「日本でいちばん大切にしたい会社」大賞の中小企業庁長官賞をいただきました。

この賞は、法政大学大学院教授の坂本光司先生の著書『日本でいちばん大切にしたい会社』(あさ出版)がきっかけに創設された表彰制度で、「人を幸せにする経営」を行っている会社を顕彰することを目的としています。

この受賞がきっかけで、株式会社あさ出版の佐藤和夫社長から「どのような理念で社員の成長をはかってきたか本にまとめませんか」と勧めていただき、本書の出版が実現しました。

日本やアメリカで企業再建を経験してきた立場から、お伝えしたいことはたくさんありますが、本書では「社員の成長が企業の成長」という理念と、その実践について述べてきました。

その多くは、これまで私がご指導をいただいた方々から学んだことです。

二八歳で労働組合の委員長となった私に、「和して同ぜず」の心得を教えてくれた上司。そして、三〇代から働きながら断食することを通してご指導いただいた『ハピネスの会』代表の隆久昌子先生。隆久先生から学んだ「心の法則基本講座」は、本書のなかに一貫して流れており、とくに「四つの言葉」は私にとって祈りの言葉となっています。

また、株式会社ベックスコーポレーションの香川哲会長。香川会長からは、「すべてのトラブル（気づき）は成長へのメッセージ」という概念を学びました。本書でも、壁にぶつかったときの処方箋として取り入れさせていただいています。

最後に、坂本光司先生。坂本先生にはＭＥＢＯで独立して以来、いろいろな場でご指導を賜ってきました。とくに、先生のおかげで「人を大切にする経営」の信念がより強固になり、「すべての問題は自分の内側にある」という認識を深めることができました。

改めて、佐藤社長、隆久先生、香川会長、坂本先生はじめ、本書の出版にお世話になったみなさまにお礼を申し上げます。

最後に、社員として、経営者として、鍛えていただいた元親会社の日本電子株式会社の諸先輩方、また日本レーザーの社員・役員やＯＢのみなさんに感謝申し上げます。みなさんのおかげで、私は今日まで成長を続けることができました。

これからも「社員の成長が企業の成長」の理念を追求し、社員とともにさらなる成長をめざしたいと思っています。

これまでの厳しい仕事人生を支えてくれた妻・百合子にも心から感謝したいと思います。

本書を読んでくださったみなさんが、私とともに仕事を通して自分を磨き鍛え、成長を感じてくれたならこれ以上の喜びはありません。それぞれの途上に立ち、高い志のもとに勇気ある一歩を踏み出すみなさんを心から応援しています。

二〇一二年七月

近藤宣之

著者紹介

近藤 宣之（こんどう・のぶゆき）

1944年東京生まれ。65～66年、ドイツ交換実習生として欧州に滞在。68年慶應義塾大学工学部電気工学科卒業後、日本電子株式会社入社。72～83年、日本電子連合労働組合執行委員長。その後、日本電子の総合企画室次長、84年米国法人副支配人、89年取締役米国法人支配人、93年取締役営業副担当などを経て、94年、株式会社日本レーザー代表取締役社長に就任。95年、日本電子の取締役を退任し、日本レーザー社長に専念。2007年、JLCホールディングス株式会社設立と同時に、日本電子本社より独立。1999年、日本レーザー輸入振興協会（JIAL）会長。11年、公益財団法人富士教育センター評議員。同年、第1回「日本でいちばん大切にしたい会社」大賞、中小企業庁長官賞受賞。12年、「平成23年度新宿区優良企業表彰経営大賞（新宿区長賞）」受賞。

共著に『変化する企業社会とキャリア形成』『成果主義の課題』（いずれも公益財団法人富士社会教育センター）などがある。

「夢と志の経営」（http://info.japanlaser.co.jp/）

ビジネスマンの君《きみ》に伝《つた》えたい40のこと　〈検印省略〉

2012年 8 月 2 日 第 1 刷発行

著　者――近藤 宣之（こんどう・のぶゆき）
発行者――佐藤 和夫

発行所――株式会社あさ出版
〒171-0022 東京都豊島区南池袋 2-9-9 第一池袋ホワイトビル 6F
電　話　03（3983）3225（販売）
　　　　03（3983）3227（編集）
F A X　03（3983）3226
U R L　http://www.asa21.com/
E-mail　info@asa21.com
振　替　00160-1-720619

印刷・製本　（株）シナノ
乱丁本・落丁本はお取替え致します。

facebook　http://www.facebook.com/asapublishing
twitter　http://twitter.com/asapublishing

ISBN978-4-86063-546-6 C2034

寿
山
慎